KUNST FÜR CLEVERE KIDS

Mohnfeld bei Argenteuil,
1875, Claude Monet

KUNST

FÜR CLEVERE KIDS

LEXIKON MIT ÜBER 1500 FARBIGEN ABBILDUNGEN

DK

DK | Penguin Random House

Text Susie Hodge (Malerei und Bildhauerei),
David Taylor (Fotografie)
Lektorat Ashwin Khurana, Francesca Baines,
Andrew Macintyre, Liz Wheeler, Jonathan Metcalf
Gestaltung und Bildredaktion Spencer Holbrook, Philip Letsu,
Harish Aggarwal, Karen Self, Phil Ormerod
Umschlaggestaltung Dhirendra Singh, Surabhi Wadha,
Claire Gell, Priyanka Sharma, Sophia MTT
Herstellung David Almond, Robert Dunn, Gary Batchelor

Für die deutsche Ausgabe:
Projektbetreuung Martina Glöde
Herstellungskoordination Bettina Bähnsch
Herstellung Stefanie Staat

Titel der englischen Originalausgabe:
Art. A Children's Encyclopedia

Übersetzung Christiane Wagler
Lektorat Regine Gerst

ISBN 978-3-8310-4443-6
5902-305166-22567-04

Druck und Bindung Golden Prosperity Printing & Packaging
(Heyuan) Co., Ltd.

FSC www.fsc.org MIX Papier | Fördert gute Waldnutzung FSC® C018179

www.dk-verlag.de

Inhalt

MALEREI 6

Motiv und Bildaufbau 8
Perspektive 10
Farbe und Tonwert 12
Prähistorische Kunst 14
Magische Geschöpfe 16
Standarte von Ur 18
Altägyptische Kunst 20
Grab des Sennedjem 22
Die Unsterblichen 24
Kunst im Mittelmeerraum 26
Minoische Sagenwelt 28
Kunst im antiken Griechenland 30
Kunst im antiken Rom 32
Altasiatische Kunst 34
Altchristliche Kunst 36
Kirchenikonen 38
Heiliger Kaiser 40
Altislamische Kunst 42
Book of Kells 44
Aufstieg Italiens 46
Gotische Kunst 48
Europäische Renaissance 50
Florentinische Kunst 52
Neuerungen der Renaissance 54
Tapferer Ritter 56
Primavera 58
Hochrenaissance 60
Leonardo da Vinci 62
Meisterwerke der Renaissance 64
Die Schule von Athen 66
Venezianische Kunst 68

Venezianische Meister 70
Der junge Jesus 72
Kunst im Norden 74
Jan van Eyck 76
Schmutzige Tricks 78
Die Gesandten 80
Manierismus 82
Barock und Rokoko 84
Caravaggio 86
Barocker Glanz 88
Las Hilanderas 90
Verspieltes Rokoko 92
Goldenes Zeitalter 94
Jan Vermeer 96
Alltagsszenen 98
Rembrandt 100
Reiseandenken 102
Klassizismus 104
Römischer Einfluss 106
Der Schwur der Horatier 108
Romantik 110
Motive der Romantik 112
Landschaften 114
Schönheit der Natur 116
J. M. W. Turner 118
Realismus 120
Modernes Leben malen 122
Ein Begräbnis in Ornans 124
Die Präraffaeliten 126
Porträt des Lebens 128
Kunst außerhalb Europas 130
Japanische Drucke 132
Édouard Manet 134
Impressionismus 136
Den Moment einfangen 138
Wassergarten 140
Postimpressionismus 142

Sternennacht 144
Fantasiekunst 146
Emotionen malen 148
Edvard Munch 150
Kubismus und Futurismus 152
Pablo Picasso 154
Neue abstrakte Stile 156
Dada und Surrealismus 158
Georgia O'Keeffe 160
Abstrakter Expressionismus 162
Verborgene Figuren 164
Pop- und Op-Art 166
Gegenwartskunst 168

BILDHAUEREI 170

Antike Bildhauerei 172
Griechisch-römische Bildhauerei 174
Terrakotta-Armee 176
Bildhauerei der Renaissance 178
Klassizismus und später 180
Moderne Bildhauerei 182
Barbara Hepworth 184

FOTOGRAFIE 186

Frühe Fotografie 188
Tetons – Snake River 190
Entwicklung der Kamera 192
Arten der Fotografie 194
Julia Margaret Cameron 196
Moment des Triumphs 198

ANHANG

Begriffe 200
Register 203
Dank 207

MALEREI

Die Malkunst,
um 1666, Jan Vermeer
Dieser niederländische Maler des 17. Jahrhunderts spezialisierte sich auf lichtdurchflutete Innenräume.

Die Menschen haben seit Tausenden Jahren auf alle möglichen Oberflächen gemalt, wie Höhlenwände, Kirchendecken, Holztafeln, Papier und Leinwände.

Motiv und Bildaufbau

Die Malerei behandelt alle möglichen Motive und verfolgt ganz unterschiedliche Ziele. Einige Gemälde erzählen Geschichten oder würdigen Menschen oder Ereignisse. Andere führen dazu, dass wir über ein Thema anders denken, indem sie uns begeistern oder provozieren. Viele Bilder wollen den Betrachtenden etwas zeigen oder sie dazu bringen, etwas in völlig neuem Licht zu sehen.

▼ ***Park bei Lu***, 1938, Paul Klee
Dieses abstrakte Werk wurde von den Spaziergängen inspiriert, die Klee mit seiner Frau Lily in der Nähe von Luzern (Schweiz) unternahm. Darin kreuzen sich Wege zwischen Bäumen mit buntem Laub.

MOTIV UND STIL

Die Liste der ergründeten Themen ist endlos – Menschen, Landschaften, Liebe, Krieg, um nur einige zu nennen. Gewöhnlich werden diese Motive in einem gegenständlichen Stil dargestellt. Ab dem 20. Jahrhundert entstanden jedoch Bilder, deren Motive oft nicht mehr erkennbar sind. Dieser als abstrakte Kunst bezeichnete Stil vermittelt mit Formen oder Farben Gefühle oder Ideen.

FORM UND BILDAUFBAU

Die Form eines Gemäldes wird Format genannt. Die beiden bekanntesten Formate sind Hochformat und Querformat. Aber es gibt nicht nur Bilder in Rahmen, sondern auch Wand- oder Deckengemälde, die Fresken heißen. Die Anordnung der einzelnen Elemente auf dem Format wird als Bildaufbau bezeichnet.

◄ ***Äpfel, Pfirsiche, Birnen und Trauben***, 1880, Paul Cézanne
Die Anordnung einer Gruppe von Gegenständen, wie diese Obstschale, nennt man Stillleben.

WIRKUNG UND REAKTION

Unabhängig von ihrem Motiv sollen Kunstwerke eine Wirkung erzielen und eine Reaktion hervorrufen. Bildergeschichten sind in der Regel so aufgebaut, dass wir die Abfolge der Ereignisse nachvollziehen können, während Landschaften häufig einen Vorder-, Mittel- und Hintergrund haben, die unseren Blick durch das Bild führen. Bei Porträts werden die Abgebildeten oft eindringlich und aus der Nähe dargestellt.

Im früheren Westeuropa, als nur wenige Menschen lesen konnten, wurden Bibelgeschichten durch Gemälde erzählt.

▸ ***Sixtinische Madonna***, 1512, Raffael
Die großen zentralen Figuren von Maria und dem Jesuskind dominieren dieses Gemälde. Zu Marias Füßen knien zwei Heilige. Die Frau schaut nach unten und lenkt die Aufmerksamkeit auf die beiden Engel.

▴ ***Die Jäger im Schnee***, 1565, Pieter Bruegel der Ältere
Jäger stapfen durch den Schnee und führen uns in eine winterliche Landschaft, die Aufschluss über das bäuerliche Leben in Nordeuropa vor fast 500 Jahren gibt.

BEDEUTENDE KUNSTWERKE

Große Gemälde von den Talentiertesten ihres Genres faszinieren die Menschen noch lange nach ihrer Entstehung. Trotz der vergangenen Zeit haben Motiv und Bildaufbau eines bedeutenden Kunstwerks etwas Einzigartiges an sich, das die Betrachtenden immer wieder in seinen Bann zieht und sie die Welt auf eine neue oder andere Weise wahrnehmen lässt.

Perspektive

Die Perspektive in der Kunst ist ein Mittel, um die Illusion einer realen, räumlichen Welt auf flachen Oberflächen, wie Papier oder Leinwand, zu schaffen. Weit entfernte Objekte werden so dargestellt, dass sie kleiner und dichter beieinander erscheinen als Objekte in der Nähe. Auch der unterschiedliche Einsatz von Licht und Schatten in einem Kunstwerk erweckt den Eindruck von Tiefe.

▲ ***Die Windmühle von Wijk bij Duurstede***, um 1670, Jacob van Ruisdael
Hier sind die Wolken in der Ferne heller und blauer als die in der Nähe und lassen eine räumliche Tiefenwirkung entstehen.

ZENTRALPERSPEKTIVE

Anfang des 15. Jahrhunderts entwickelte der italienische Architekt Filippo Brunelleschi mathematische Regeln für das perspektivische Zeichnen. Brunelleschis System wird als Zentralperspektive oder Linienperspektive bezeichnet und verwendet in die Tiefe führende gerade Linien, die sich an einem sogenannten Fluchtpunkt schneiden.

▲ **Kreidezeichnung eines Bühnenbilds,** 18. Jahrhundert, Königliches Theater Turin
In dieser perspektivischen Entwurfszeichnung liegt der Fluchtpunkt im hintersten Bogen.

LUFTPERSPEKTIVE

Die Illusion von Raum und Tiefe lässt sich auch durch Farbe schaffen. Diese Technik wird Luftperspektive oder atmosphärische Perspektive genannt. In Wirklichkeit wirken Objekte in der Ferne aufgrund der Erdatmosphäre heller, blauer und verschwommener. Der italienische Künstler Leonardo da Vinci beschrieb dieses Phänomen und führte aus, dass Farben im Verhältnis zu ihrer Entfernung vom Auge, das sie betrachtet, schwächer werden.

Die Sicht vom höchsten Augenpunkt nennt man Vogelperspektive. Dabei blickt man direkt von oben auf ein Motiv.

FLUCHTPUNKT UND AUGENPUNKT

Der Fluchtpunkt ist die Stelle, an der sich die parallel in die Tiefe führenden Linien einer perspektivischen Zeichnung schneiden. Er liegt normalerweise auf der Horizontlinie. Seine Position ändert sich je nach Augenpunkt, der hoch, niedrig oder mittig sein kann. Je näher Objekte an einem Fluchtpunkt sind, desto kleiner erscheinen sie auf dem Bild.

VERKÜRZUNG

Befindet sich ein Objekt in unserer Nähe, wird seine Form durch einen Effekt verzerrt, der als Verkürzung bezeichnet wird. Dadurch sehen die nächstgelegenen Teile des Objekts groß aus, während die weiter entfernten Teile kleiner und kürzer wirken. Die Verkürzung wird eingesetzt, um den Eindruck von Tiefe zu verstärken.

▲ ***Christus am Ölberg***, um 1455, Andrea Mantegna
Die Füße der Figur im Vordergrund des Gemäldes muten durch die Verkürzung größer und länger an als ihr Kopf.

▼ ***Allee von Middelharnis***, 1689, Meindert Hobbema
Diese Baumallee folgt perspektivischen Linien, die zu einem Fluchtpunkt am Horizont führen.

▲ ***Tour Eiffel***, 1926, Robert Delaunay
Der französische Künstler Delaunay malte viele Versionen dieses legendären Bauwerks. Hier brachte er das Bild durch Komplementärfarben zum Leuchten.

Farbe und Tonwert

Einige malen mit natürlichen Farben aus ihrer Umgebung, während andere Farben aus ihrer Fantasie verwenden. Mit Farben kann man verschiedene Stimmungen erzeugen und Gefühle ausdrücken. Der Tonwert gibt wieder, wie Licht und Schatten auf ein Objekt fallen, und hilft, einem Bild Tiefe zu verleihen.

FARBKONTRASTE

Werden Farben, die im Farbkreis gegenüberliegen, nebeneinander angeordnet, muten sie intensiver an. Sie werden als Komplementärfarben bezeichnet und bestehen immer aus einer Primär- und einer Sekundärfarbe. Komplementärfarben sind Rot und Grün, Blau und Orange, Gelb und Violett. Diese Kombinationen werden häufig verwendet, um Kunstwerke lebendig aussehen zu lassen.

Auf der Suche nach neuen Farbtönen und Tonwerten experimentierte der Impressionismus im 19. Jahrhundert mit wissenschaftlichen Farbtheorien.

KALTE UND WARME FARBEN

Blau, Grün und Violett sind kalte Farben. Sie fallen eher nicht ins Auge und werden oft im Hintergrund verwendet. Warme Farben, wie Rot, Orange und Gelb, heben Objekte hervor. Farbe kann auch eine Stimmung ausdrücken, wie Wut, Eifersucht oder Trauer.

◂ ***Arearea***, 1892, Paul Gauguin
Mit leuchtenden Farben stellte der französische Maler Gauguin das starke Licht und die üppige Flora des Südpazifiks dar.

MALEREI

LICHT UND SCHATTEN

Tonwerte sind Helligkeitsabstufungen. Sie dienen der Darstellung von Licht und Schatten in einem Bild und geben ihm Räumlichkeit. Wo das Licht am stärksten ist, ist der Tonwert sehr hell. Diese Stellen in einem Gemälde heißen Lichter. Im Schatten hingegen ist der Tonwert dunkel. Ein großer Kontrast zwischen Licht und Schatten verstärkt die Illusion von Tiefe.

◂ ***Selbstporträt im Alter von 23 Jahren***, 1629, Rembrandt van Rijn
Die Methode, helle Lichter neben dunkle Schatten zu setzen, um dramatische Effekte zu erzielen, wird Chiaroscuro oder Hell-Dunkel-Malerei genannt.

DER FARBKREIS

Der Farbkreis besteht aus allen Farben des Regenbogens. Er zeigt die Primärfarben (Rot, Gelb und Blau), Sekundärfarben (Orange, Grün und Violett) und Tertiärfarben (wie Rot-Orange und Blau-Grün). Im 19. Jahrhundert entwarf der französische Chemiker Michel Eugène Chevreul einen Farbkreis, um zu zeigen, wie das Nebeneinanderstellen verschiedener Farben diese intensiver oder stumpfer wirken lässt.

Prähistorische Kunst

Mit Bildern werden schon viel länger Geschichten erzählt als mit Texten. Zu welchem Zweck diese urgeschichtlichen Kunstwerke entstanden, wissen wir nicht genau, weil es keine schriftlichen Aufzeichnungen dazu gibt. Man nimmt jedoch an, dass sie möglicherweise Teil eines religiösen Rituals waren. Prähistorische Kunst entstand überall auf der Welt und zu verschiedenen Zeiten.

Die Handabdrücke auf prähistorischen Bildern lassen erkennen, dass viele Frauen an deren Erschaffung beteiligt waren.

HÖHLENMALEREI

Es ist nicht bekannt, wann die ersten Malereien entstanden sind. Die ältesten bisher gefundenen Bilder wurden vor etwa 44 000 Jahren in Indonesien und vor etwa 40 000 Jahren in Europa und Australien auf Felswände in Höhlen gemalt. Fachleute halten es für wahrscheinlich, dass es auf der Welt prähistorische Kunst gibt, die noch gar nicht entdeckt wurde.

◂ **Tadrart Acacus, Libyen**, um 12 000 v. Chr. *In der Wüste Sahara in Afrika wurden Giraffen, Kamele, Elefanten und Menschen in Felsmalereien dargestellt.*

HANDBILDER

Die frühesten Felsmalereien heißen Petrogramme (griechisch für „auf Fels geschrieben"). Bei einigen wurden Hände als eine Art Schablone an die Wand gelegt und zerriebene Holzkohle durch Röhrchen aus hohlen Knochen darübergepustet. Andere entstanden, indem Menschen ihre Hände in Holzkohlepulver tauchten und sie dann an die Wände pressten.

◂ **Cueva de las Manos**, um 7300 v. Chr. *Diese Höhle in Santa Cruz (Argentinien) ist berühmt für ihre Handmalereien und Handabdrücke, die von Männern, Frauen und Kindern angefertigt wurden.*

IM DUNKEL

Einige der berühmtesten Malereien aus der Steinzeit wurden in Südwestfrankreich und Nordspanien gefunden, tief in Höhlen, wo sie nur wenige Menschen zu Gesicht bekamen. Das deutet darauf hin, dass sie nicht zum alltäglichen Vergnügen gemalt wurden. Wahrscheinlich gehörten sie eher zu einer religiösen Zeremonie, die eine erfolgreiche Jagd sichern sollte.

◂ **Grotte du Pech Merle**, um 16 000 v. Chr.
Die in dunklen Höhlen in Südfrankreich entstandenen Tiere wurden nicht nach Beobachtung, sondern aus dem Gedächtnis gemalt.

MAL- UND ZEICHENMATERIALIEN

Die Urmenschen verwendeten Materialien, die sie in ihrer Umgebung fanden. Sie trugen Farbe mit Stöcken, Steinen, Knochen oder ihren Fingern auf. Schwarz wurde aus Holzkohle, Weiß aus Kreide, Braun aus verschiedenen Erden und Rot durch Zugabe von Blut hergestellt. Die Farben wurden zu Pulver zermahlen und trocken oder mit Wasser oder Tierfett vermischt verwendet.

▾ **Altamira**, um 15 000 v. Chr.
Diese steinzeitlichen Malereien wurden 1879 von einem neunjährigen Mädchen in einer Höhle in Altamira (Spanien) entdeckt.

Das Bild folgt der natürlichen Form der Höhlenwände.

MAGISCHE GESCHÖPFE
1940 wurde in Lascaux im Südwesten Frankreichs eine unterirdische Höhle voller Malereien entdeckt. Ein „Saal der Stiere“ genannter Abschnitt enthält Hunderte Bilder, wie dieses von einem Auerochsen inmitten von Wildpferden, Hirschen und Bisons. Die Werke sind etwa 17 000 Jahre alt.

Standarte von Ur

1927 wurden bei Ausgrabungen in der alten Stadt Ur Fragmente entdeckt, die später zu diesem verzierten Holzkasten zusammengesetzt wurden. Ur war eine sumerische Stadt in Mesopotamien (heute Irak). Die etwa 4500 Jahre alten Überreste stammen aus einem Königsgrab. Das sumerische Volk war eine hoch entwickelte Zivilisation und gründete einige der ersten Städte der Welt.

SCHMUCKSTÜCK
Die Standarte aus Holz ist mit Mosaiken aus Muscheln, Kalkstein und Lapislazuli verziert. Sie misst 21,6 × 49,5 cm.

Die Rückseite zeigt Szenen aus Kriegszeiten.

Diese Seite bebildert Szenen in Friedenszeiten.

MUSIKINSTRUMENT
Der britische Archäologe Sir Charles Leonard Woolley gab dem Fund seinen Namen, weil er ihn für eine Standarte (Hoheitszeichen) hielt, die auf Stangen getragen wurde. Heute glaubt man, dass es ein Resonanzkörper für ein Musikinstrument ist.

KRIEG UND FRIEDEN

Die Kunstgeschichte denkt, dass die beiden langen Seiten erzählen, wie Krieg geführt und dann der Frieden gefeiert wird. Die Szenen sind von unten nach oben angeordnet. Auf beiden Seiten ist ein König abgebildet, der größer ist als die anderen Figuren.

KAMPFSZENEN

Eine sumerische Armee mit Streitwagen, von Eseln gezogen, und Fußtruppen greift einen Feind an. Nackte Gefangene stehen vor den Soldaten. Ein anderer Wagen wartet in der Nähe, um die Gefangenen wegzubringen.

ENTERTAINER

Zur Feier des Friedens unterhalten eine Sängerin und ein Leierspieler (eine Art kleine Harfe) den König und andere wichtige Persönlichkeiten.

EIN GROSSES FESTMAHL

Auf der Rückseite des Kastens bringen Männer Stiere, Schafe und Ziegen zu einem großen Festmahl der Herrschenden. Viele der abgebildeten Warenträger sind Sklaven.

Altägyptische Kunst

Vor etwa 5000 Jahren bildete sich in Altägypten ein unverwechselbarer Kunststil heraus, der sich in den folgenden 3000 Jahren kaum veränderte. Die meisten dieser Kunstwerke waren mit dem altägyptischen Glauben an das Leben nach dem Tod verbunden. Kunst diente dazu, den Gottheiten Anweisungen zu geben, damit sie sich im Jenseits um die Toten kümmern konnten.

◂ **Sonnengott**, um 1000 v. Chr. *In dieser Szene aus dem* Totenbuch *nimmt der Sonnengott Re-Harachte ein Opfer entgegen. Er hat den Körper eines Menschen, aber den Kopf eines Falken.*

DAS TOTENBUCH

In Altägypten wurden bedeutende Menschen mit Wandmalereien und Statuen bestattet, die ihr Leben nach dem Tod abbildeten. Ab etwa 1550 v. Chr. wurden sie auch mit Papyrusrollen beigesetzt. Sie enthielten Bilder mit Zaubersprüchen, die den Verstorbenen halfen, sich im Jenseits zurechtzufinden. Eine Art dieser Schriftrollen ist als *Totenbuch* bekannt.

◂ **Skizze**, um 1500 v. Chr. *Ein Künstler namens Nebnefer zeichnete diese Übungsskizze einer Göttin. Da die Bilder für die Gottheiten bestimmt waren, war es wichtig, sie richtig wiederzugeben.*

KUNSTLEHRE

Die künstlerische Ausbildung begann mit neun Jahren und folgte strengen Regeln. Jeder Körperteil wurde aus dem Blickwinkel gezeichnet, aus dem er am besten zur Geltung kam. Brust und Augen wurden also von vorn gezeigt, Köpfe, Beine, Füße und Arme dagegen von der Seite. Alles wurde zweidimensional dargestellt.

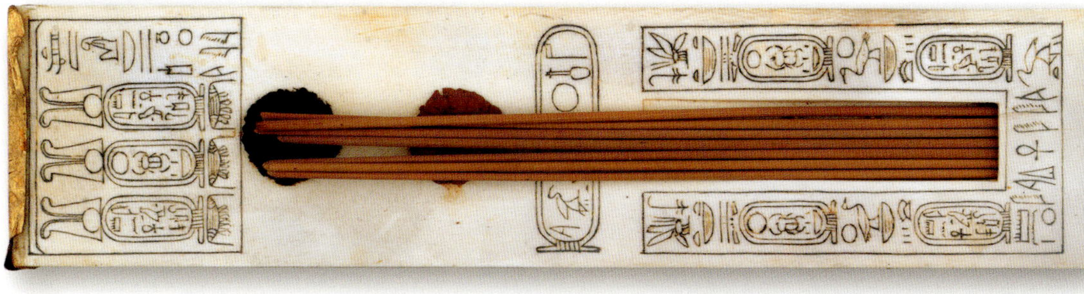

▸ Elfenbeinpalette,
um 1330 v. Chr.
Diese Palette hat eine Halterung für Rohrfedern, mit denen Hieroglyphen geschrieben wurden, und Vertiefungen für Farbpigmente. Jede Hieroglyphe zeigt präzise Proportionen und ist ein Kunstwerk für sich.

AUFBAU EINES GEMÄLDES

Ägyptische Wandmalereien wurden sorgfältig geplant. Zunächst wurde die Wand mit weißem Gips verputzt. Dann wurde mit einer Schnur, die in rote Farbe getaucht war, ein Raster gezogen. Anhand einer kleinen Vorlage auf Papyrus wurde die Szene nun entlang der Rasterlinien mit Rohrfedern oder kleinen Pinseln für die Hieroglyphen eingezeichnet. Abschließend wurden die Umrisse mit verschiedenfarbigen Pigmenten ausgemalt.

Auf ägyptischen Gemälden haben Männer eine dunklere Hautfarbe als Frauen, da beide als geistige Gegensätze betrachtet wurden.

DAS JENSEITS

Man glaubte, dass das Leben auf Erden im Jenseits fortgeführt werde. Dorthin konnten die Verstorbenen gelangen, nachdem sie sich vor dem Totengericht für ihr irdisches Leben verantwortet hatten. Die Gemälde in den Gräbern informierten die Gottheiten darüber, wie die Toten gelebt hatten, damit sie dieses Leben im Jenseits fortsetzen konnten. So zeigten die Bilder die Verstorbenen beispielsweise bei der Arbeit oder bei einem Lieblingsspiel.

◂ Beim Spiel
Königin Nefertari, die Lieblingsfrau von Pharao Ramses II., beschäftigt sich in feiner Kleidung und Juwelen mit einem antiken Brettspiel namens Senet.

Grab des Sennedjem

Dieses Wandgemälde wurde im Familiengrab des altägyptischen Kunsthandwerkers Sennedjem gefunden. Er lebte um 1300 v. Chr. in Deir el-Medina am Westufer des Nils. Der Gemäldezyklus stellt eine Art Beschwörungsformel dar, die sicherstellen sollte, dass Sennedjem und seine Frau Iineferti im Jenseits immer genug zu essen haben würden.

WEIZENERNTE

Mit einer Holzsichel schneidet Sennedjem Weizenähren ab, Iineferti sammelt sie in einem Korb. Beide tragen ihre schönsten Kleider und Perücken. Das zeigt, dass es sich um einen Zauberspruch und nicht um ein reales Ereignis handelt.

LANDLEBEN

Sennedjem und Iineferti werden abgebildet, wie sie auf den Feldern von Jaru ein glückliches Leben führen. Umgeben von den Gewässern des Nils säen, pflügen und ernten sie.

DIENER AM ORT DER WAHRHEIT

Sennedjems offizieller Titel war „Diener am Ort der Wahrheit“. Er wurde mit seiner Familie begraben. Viele Gemälde schmücken die Wände der Grabstätte. Sie alle sollten die Gottheiten darüber unterrichten, wie Sennedjem auf Erden gelebt hatte, damit sie wussten, was er im Jenseits braucht.

GEBET AN DIE GÖTTER
Fünf Götter, darunter Re, Osiris und Ptah, lauschen den Gebeten von Sennedjem und Iineferti, die vor ihnen knien.

MUND AUF
Am Ende der Geschichte berührt Sennedjems Sohn den Mund seines toten Vaters mit speziellen Werkzeugen, damit dieser im Jenseits atmen, essen und trinken kann.

PFLÜGEN
Unter der Weizenszene erntet Sennedjem Flachs, eine Pflanze, aus der Leinen und Öl hergestellt wurde. Daneben führt Sennedjem einen Pflug, der von zwei Ochsen gezogen wird.

DIE UNSTERBLICHEN
Dieses als *Bogenschützenfries* bekannte Bild aus gebrannten und bemalten Ziegeln wurde vor über 2500 Jahren an den Wänden des Dareios-Palasts in der altpersischen Stadt Susa (heute Iran) geschaffen. Es zeigt eine „die Unsterblichen“ genannte Elitetruppe von Kriegern mit Speer, Bogen und Köcher.

Kunst im Mittelmeerraum

Der altägyptische Stil wurde von Völkern übernommen, die den Mittelmeerraum bewohnten. Die minoische Kultur, die von etwa 3000 v. Chr. bis 1380 v. Chr. auf der Insel Kreta und in einigen anderen Teilen Griechenlands beheimatet war, weist deutliche altägyptische Einflüsse auf, einschließlich der Art, Menschen zu zeichnen, und der Verwendung leuchtender Farben. Diese Malweise verbreitete sich in ganz Griechenland und schließlich auch im Römischen Reich.

▼ **Mysterienvilla**, 1. Jahrhundert n. Chr. *Dieses Fresko in einer römischen Villa bei Pompeji in Italien bildet Rituale ab, die während eines religiösen Fests durchgeführt wurden.*

◀ **Drei Damen in Blau**, Palast von Knossos, um 1500 v. Chr. *Dieses minoische Gemälde zeigt drei Damen im flächigen Profil und ist eindeutig ägyptisch inspiriert.*

MINOISCHE WANDMALEREIEN

Minoische Malereien wurden auf Wände mit feuchtem Putz aufgebracht. Wenn Farbe und Putz trockneten, verschmolzen sie miteinander. Diese Technik wurde später Fresko genannt, was auf Italienisch „frisch“ bedeutet. Weil keine Raster verwendet wurden, sind minoische Bilder nicht so starr wie die altägyptischen. Die meisten Werke waren in Palästen zu sehen und für Menschen, nicht für Gottheiten gedacht.

RÖMISCHE CHARAKTERE

Die römische Kunst reicherte künstlerische Traditionen mit eigenen Ideen an. Sie übernahm die Perfektion der griechischen Kunst, aber wollte die Welt wirklichkeitsnaher darstellen, etwa wie Menschen altern. Im gesamten Römischen Reich kamen Werke zustande, die Gottheiten ehrten, Errungenschaften feierten und Machtansprüche bekundeten.

VERSCHOLLENE WERKE

Nur sehr wenige griechische Gemälde sind erhalten geblieben. Wegen des feuchten Klimas in Griechenland verrotteten die auf Holztafeln gemalten Bilder und die meisten Bauten sind längst verfallen. Doch die bemalte Keramik aus dem antiken Griechenland gibt Aufschluss über die altgriechische Malerei. Griechische Kunst wurde auch im Auftrag von Rom gefertigt. Einige römische Kunstwerke, die von griechischer Hand geschaffen wurden, lassen erahnen, wie der griechische Stil ausgesehen haben könnte.

◂ **Panathenäische Amphora**, um 500 v. Chr.
Solche großen griechischen Tongefäße wurden bei sportlichen Wettkämpfen als Preis verliehen. Diese Amphora ist mit dem Bild eines Wagenrennens im sogenannten „schwarzfigurigen" Stil verziert.

MALEREI

LEBENSNAHE SZENEN

Um 100 n. Chr. herrschte Rom über ein riesiges Reich, in dem alle möglichen Arten römischer, ägyptischer und griechischer Kunst entstanden, darunter Fresken, Tafelbilder und Mosaiken. Im Lauf der Zeit entwickelten und verbreiteten sich neue Ideen, und ein Großteil der Kunst im Römischen Reich wurde immer naturgetreuer.

▸ **Fresko**, 1. Jahrhundert n. Chr.
Das Wandgemälde gibt die Behandlung einer Beinverletzung des Aineias wieder. Der sagenumwobene trojanische Krieger wird realistisch und verwundbar dargestellt.

Die Oberfläche römischer Fresken wurde mit Wachs eingerieben, um sie zu schützen und zum Glänzen zu bringen.

MINOISCHE SAGENWELT

Knossos auf Kreta war eine der ersten Städte Europas. Sie wurde von der minoischen Kultur erbaut, die einen kunstvollen Palast errichtete und seine Wände mit Fresken bemalte. Dieses Fresko zeigt einen Greif – ein Fabelwesen mit Löwenkörper und Adlerkopf. Der Palast wurde um 1000 v. Chr. aufgegeben.

Kunst im antiken Griechenland

Wie in der minoischen Kultur wurde die Malerei auch im Griechenland der Antike geschätzt. Frühgriechische Kunstwerke waren flächig und setzten sich hauptsächlich aus Symbolen und Mustern zusammen. Später strebte man lebensnahe Darstellungen mit ausgewogenen Proportionen an. Die Kunstgeschichte unterteilt die altgriechische Kunst in vier Stilepochen: geometrisch, archaisch, klassisch und hellenistisch.

Krater

Gefäß zum Verdünnen von Wein mit Wasser

- **Entstehungszeit** 8. Jahrhundert v. Chr.
- **Material** Terrakotta

Die erste Stilepoche war die geometrische Kunst. Sie währte von um 1100 bis 800 v. Chr., nahm ihren Anfang in Athen und verbreitete sich in den Städten rund um das Ägäische Meer. Die Kunstwerke dieser Zeit zeichneten sich durch Muster mit geraden Linien und einfachen Formen aus. Gegen Ende der geometrischen Epoche wurden die Muster jedoch komplizierter und vermehrt tauchten Figuren von Menschen und Tieren auf, wie die Pferde auf diesem Krater.

Kämpfende Krieger

Halsamphora aus Terrakotta

- **Entstehungszeit** um 500–480 v. Chr.
- **Material** Terrakotta

Der archaische Stil von 800 bis 480 v. Chr. folgte festen Regeln. Mit einer Mischung aus Ton, Wasser und Holzasche wurden flächige Bilder auf Keramik gemalt und die Hintergründe freigelassen. Beim Brennen des Tons färbten sich die Bilder und Muster schwarz, während die Hintergründe rot blieben. Dieser Stil wird schwarzfigurige Vasenmalerei genannt.

Dionysos und sein Thiasos

Thiasos war das Gefolge des griechischen Gottes

- **Entstehungszeit** 525–500 v. Chr.
- **Material** Terrakotta

Im antiken Griechenland wurden Geschichten über Gottheiten oft mit Bildern auf Keramik erzählt. Dieses spätarchaische Beispiel zeigt Dionysos, den Gott des Weins und der Weinlese, mit seinem Gefolge. Zu der Zeit, in der dieses Gefäß entstand, wurden Kunsthandwerker schon in jungen Jahren ausgebildet und arbeiteten in Werkstätten zusammen. Häufig verblieb das Kunsthandwerk in den Familien und wurde üblicherweise vom Vater an den Sohn weitergegeben.

◂ **Schwarzfigurige Amphora**
Die Schwarzfigurenmalerei auf diesem Weingefäß stellt zwei kämpfende Krieger dar, möglicherweise eine Szene aus dem griechischen Epos Die Ilias.

Der Taucher

Altgriechische Grabmalerei

- **Entstehungszeit** um 470 v. Chr.
- **Technik** Fresko

Nur wenige altgriechische Wandmalereien sind erhalten. Dieses Bild eines Mannes, der ins Wasser springt, befindet sich im sogenannten Grab des Tauchers. Das Bild ist schlicht und verwendet nur braune Farbe, aber es ist lebensnah und leicht verständlich. Es entstand zu Beginn der klassischen Stilepoche (480–323 v. Chr.), als die griechische Kunst naturgetreuer wurde.

Sappho

Mosaik der berühmten griechischen Dichterin

- **Entstehungszeit** 3.–4. Jahrhundert n. Chr.
- **Material** Stein und Glas

Zunächst wurden die griechischen Mosaiken nur zur Verzierung von Böden verwendet, später wurden sie auch an Wänden angebracht. Nach gezeichneten Plänen wurden Steine in winzige Quadrate geschnitten und in eine Kalk-Sand-Masse gedrückt. Dieses Beispiel ist eine Nachahmung im Stil der frühhellenistischen Zeit (um 320–230 v. Chr.), in der sich die Fertigkeiten in der Mosaikherstellung weiterentwickelten.

Kunst im antiken Rom

Nur wenige römische Tafelbilder wurden gefunden, aber viele Mosaiken bleiben dafür erhalten. Mehrere römische Fresken wurden unter der Asche konserviert, als der Vulkan Vesuv im Jahr 79 n. Chr. ausbrach und die nahe gelegene Stadt Pompeji in Italien verschüttete. Sie offenbaren, dass die römische Kunst ihre Umgebung gern in realistisch anmutenden Szenen festhielt.

Mumienporträt

In die Mumienumhüllung eingewickeltes Porträt

- **Entstehungszeit** 1.–3. Jahrhundert n. Chr.
- **Technik** Wachs und Pigment auf Holz

Im 1. Jahrhundert n. Chr. dehnte sich das Römische Reich auf Ägypten aus. In Faijum in der Nähe der heutigen Stadt Kairo wurden realistische Porträts der Verstorbenen auf Holztafeln gemalt und in die Mumienbinde eingewickelt. Viele dieser bemerkenswert naturgetreuen Darstellungen blieben erhalten und lassen vermuten, dass andere römische Gemälde aus jener Zeit ebenso lebensnah gewesen sein könnten.

Villa des P. Fannius Synistor

Römische Villa, die von Asche konserviert wurde

- **Entstehungszeit** um 50–40 v. Chr.
- **Technik** Fresko

Aus dem Rom der Antike sind mehr Wandmalereien als andere Gemäldearten erhalten. Fresken wie dieses, das 1900 unter der Vulkanasche des Vesuvs entdeckt wurde, galten im Römischen Reich allerdings nicht als höchste Form der Malkunst. Nach der Bildhauerei war die Tafelbildmalerei die angesehenste Kunstform, aber die meisten Holztafeln sind längst verrottet. In dieser Szene wird durch die Farbgebung ein Gefühl von Tiefe bewirkt. Die Zentralperspektive kam jedoch nicht zum Einsatz, denn sie wurde erst viel später entwickelt.

Landschaft von Pompeji

Ornament in einem römischen Haus

- **Entstehungszeit** 1. Jahrhundert n. Chr.
- **Technik** Fresko

In Rom entwickelte sich die erste Landschaftsmalerei des Abendlands mit einer eigenen Form der Perspektive und Farbgebung, die Motive realistisch aussehen lassen sollte. Einige Landschaften bildeten Gärten mit Blumen, Vögeln und Bäumen ab, andere stellten Bauernhöfe mit Tieren dar. Manchmal zeigten sie räumlich erscheinende Gebäude mit Winkeln und Schattierungen. Viele Landschaften wurden so gemalt, dass sie eher wie ein Blick aus einem Fenster als ein Gemälde wirkten.

▲ **Schlafzimmer-Fresko der Villa Fannius**
Ohne perspektivische Darstellung kann durch die Verwendung von kalten Blautönen für den Hintergrund und warmen Rottönen für den Vordergrund eine Tiefenwirkung erzeugt werden.

Platons Akademie

Detailreiches römisches Mosaik in Pompeji

- **Entstehungszeit** 1. Jahrhundert v. Chr.
- **Technik** Mosaik

Römische Mosaiken bestanden aus kleinen schwarzen, weißen und farbigen Quadraten (Tesserae) aus Marmor, Glas, Keramik, Stein oder Muscheln, die in feuchten Zement gepresst und damit verfugt wurden. Sie fanden sich in den Häusern der Reichen und in öffentlichen Gebäuden im gesamten Römischen Reich. Viele erzählen Geschichten, wie dieses, das den berühmten griechischen Philosophen Platon beim Unterricht in seiner Akademie abbildet. Sie zeigen Alltagsgegenstände, wie damalige Kleidung und Werkzeug.

Gartenfresko

Fresko in unterirdischem Gewölbe einer Villa bei Rom

- **Entstehungszeit** 1.–3. Jahrhundert n. Chr.
- **Technik** Fresko

Die Villa di Livia gehörte Livia Drusilla, der Frau des römischen Kaisers Augustus. Die Wände der unterirdischen Räume sind mit einer wunderschönen Gartenszene geschmückt. Die Pflanzen sind sehr realistisch und detailliert gemalt. Allerdings tragen sie gleichzeitig Blüten und Früchte, was in der Natur unmöglich ist. Dies verleiht dem Werk eine traumartige Anmutung und beweist, dass es der römischen Kunst nicht immer in erster Linie darum ging, die Wirklichkeit wiederzugeben, sondern eine idealisierte Version davon.

Altasiatische Kunst

Auf dem riesigen asiatischen Kontinent wurde die Kunst von einer Vielzahl religiöser Überzeugungen und mythischer Traditionen geprägt. Diese Ansichten wurden je nach Ort mit verschiedenen Stilen umgesetzt, die den Geschichten und Mythen dieser Region Ausdruck verliehen. Viele große Kunstwerke Chinas und Indiens sind vom Buddhismus beeinflusst.

◂ **Tang-Dynastie im 7. Jahrhundert**
Dieses Gemälde des Hofkünstlers Yan Liben zeigt den zweiten Tang-Kaiser Taizong (sitzend), wie er den Gesandten des tibetischen Reichs (in Rot) empfängt.

CHINAS GOLDENES ZEITALTER

Die Tang-Dynastie herrschte zwischen 618 n. Chr. und 906 n. Chr. über das chinesische Reich. Handel, Literatur und Kunst blühten in jener Zeit, die oft als Chinas „Goldenes Zeitalter" bezeichnet wird. Die Kalligrafie (Schönschrift) drückte buddhistische und taoistische Glaubensvorstellungen aus, während die Malerei das prächtige Hofleben einfing.

▸ ***Frühlingsausflug***, um 740, Zhang Xuan
Wohl gekleidete Personen des Hofs begeben sich auf eine Reise. Die fließenden Linien der Figuren wurden mit feinen Pinseln gemalt.

▲ ***Wasserfall***, um 1200, Ma Yuan
Dieses Bild wurde mit Tusche auf Seide gemalt und porträtiert einen Gelehrten, der auf einen tosenden Wasserfall blickt.

EMOTIONEN WIEDERGEBEN

Während der Tang-Dynastie erfreute sich in China die Landschaftsmalerei, auch *Shan Shui Hua* (Berg-Wasser-Malerei) genannt, großer Beliebtheit, da Landschaften als höchste Kunstform galten. Die Kunstwerke stellten keine realistischen Ansichten dar, sondern sollten vielmehr Emotionen oder Stimmungen vermitteln. Das wurde erreicht, indem man mit feinen Pinselstrichen malte, die an Kalligrafie erinnerten.

Die prächtigsten Berg-Wasser-Malereien wurden auf Papier- oder Seidenrollen gemalt, sodass sie aufgehängt oder zusammengerollt werden konnten.

BUDDHISTISCHE HÖHLEN

Indien ist ein großes Land mit unterschiedlichen regionalen Traditionen und Glaubensinhalten, und so entwickelten sich hier viele verschiedene Kunststile. Einige der schönsten Beispiele der frühindischen Kunst finden sich in den Ajanta-Höhlen im Bundesstaat Maharashtra. Sie entstanden zwischen 200 v. Chr. und 650 n. Chr. und umfassen buddhistisch inspirierte Felszeichnungen und Wandmalereien.

▲ **Buddhistisches Wandbild**
Dieses Wandgemälde in den Ajanta-Höhlen bebildert eine der Jātaka-Geschichten, die vom früheren Leben des Buddha berichten.

FEINE TECHNIK

Während der Tang-Zeit wurde mit Tusche und Aquarellfarben auf Papier oder Seide gemalt. Gewöhnlich zeichnete man zunächst die Umrisse mit feinen schwarzen Linien und füllte sie dann mit Farbe aus. Der Pinsel wurde senkrecht gehalten und nur die Spitze benutzt, um fließende Linien zu erzeugen.

Altchristliche Kunst

In den drei Jahrhunderten nach dem Tod Jesu entwickelte sich das Christentum von einer kleinen Sekte zu einer Volksreligion. Da diese Religion im Römischen Reich anfangs verboten war, trafen sich die Gläubigen heimlich in unterirdischen Tunneln und Grabstätten, den sogenannten Katakomben. Deren Wände bemalten sie mit Szenen aus der Bibel. Später wurde das Christentum zur Staatsreligion des Römischen Reichs und die christliche Kunst konnte sich frei entfalten.

DAS REICH VERLAGERT SICH GEN OSTEN

Um 313 n. Chr. hatte sich das Christentum so verbreitet, dass der römische Kaiser Konstantin es nicht mehr unterdrücken konnte. Er verlegte die Hauptstadt seines Reichs von Rom nach Byzanz (heute Istanbul) und benannte die Stadt nach sich selbst in Konstantinopel um. Im Jahr 380, kurz nach Konstantins Tod, wurde das Christentum zur Staatsreligion des Römischen Reichs, und christliche Kunst entstand nicht länger im Verborgenen.

Die Hagia Sophia in Istanbul ist reich an Mosaiken. Sie wurde 537 erbaut und war tausend Jahre lang die größte Kirche der Welt.

▲ ***Fractio Panis* (Brotbrechen)**, 2. Jahrhundert n. Chr.
Dieses Bild von Jesus (Mitte) ist ein frühes Beispiel christlicher Kunst. Es wurde heimlich in einer unterirdischen Kapelle in Rom gemalt.

▼ **Kirchenmosaik**, 6. Jahrhundert n. Chr.
Dieses Kachelmosaik in einer Kirche im italienischen Ravenna zeigt die byzantinische Kaiserin Theodora (Dritte von links) in Begleitung ihres Hofstaats.

REALISMUS VERMEIDEN

Zwischen etwa 330 und 1453 entwickelte sich in Konstantinopel ein eigener Kunststil, den wir byzantinische Kunst nennen. Sie erzählte Geschichten aus der Bibel und porträtierte die Mächtigen. Im Gegensatz zu früheren griechischen und römischen Stilen wollte die christliche Kunst nicht naturgetreu sein, da dies als sündhaft galt.

▲ ***Reliquien-Diptychon der Despoten von Epirus***, um 1370
Diese reich verzierten Holztafeln mit vergoldeten Silberbeschlägen wurden in Spanien hergestellt. Sie sind ein Beispiel für spätbyzantinische Kunst.

WORT UND BILD

Der byzantinische Stil verbreitete sich in ganz Europa, von Spanien im Westen bis nach Russland im Osten, und brachte auch Bilderhandschriften mit biblischen Texten hervor. Aber die meisten Gläubigen konnten nicht lesen. Um ihnen die Bibel zu vermitteln, wurden die neuen Kirchen mit großen Fresken und Mosaiken ausgestattet.

EROBERUNGSLEGENDE

Der Teppich von Bayeux ist eine riesige Stickarbeit mit über 70 Szenen, die die Schlacht von Hastings im Jahr 1066 bebildern, als der Normanne Wilhelm der Eroberer den englischen König Harald II. besiegte. Obwohl das Werk nicht offenkundig religiös ist, wurde es in der Kathedrale von Bayeux in Frankreich ausgestellt, möglicherweise als göttliche Rechtfertigung für die Eroberung Englands durch Wilhelm.

◂ **Teppich von Bayeux**, um 1070
In dieser Szene greifen berittene Normannen englische Fußsoldaten an.

Kirchenikonen

Das Wort „Ikone“ – vom Griechischen *eikon* – beschreibt ein Kunstwerk, das eine heilige Person darstellt und für die Betenden zur Meditation geschaffen wurde. Ikonen wurden hauptsächlich in christlichen Regionen hergestellt, wie Rom, Griechenland, der Türkei, Sizilien und Russland. Wer sie erschaffen hat, ist in der Regel nicht bekannt.

Christus der Barmherzige

Verzierte Ikone für die private Andacht

- **Entstehungszeit** 1100–1125
- **Material** Glas und Stein

Ikonen aus Glas- und Steinmosaiken wurden oft für Kirchen gefertigt, wo sie im Kerzenlicht funkelten. Dieses Beispiel aus Byzanz (heute Istanbul) war jedoch für die Andacht in einem Privathaushalt gedacht. Die Besitzer waren vermutlich reich, denn die meisten anderen Ikonen für den persönlichen Gebrauch wurden nur aus Holz gemacht. Jesus, seine Mutter Maria, die Heiligen und Engel waren die typischsten Motive privater Ikonen.

◂ **Tragbare Ikone**
Diese mit Mosaiken verzierte Ikone ist mit einer Länge von 60 cm so klein, dass man sie von Raum zu Raum tragen kann.

Hl. Georg und der Drache

Legende über großen Mut

- **Entstehungszeit** 15. Jahrhundert
- **Technik** Gesso auf Holz

Georg war ein Offizier in der römischen Armee, der später in der katholischen, anglikanischen, byzantinisch-orthodoxen und altorientalischen Kirche als Heiliger verehrt wurde. Die Erzählung vom hl. Georg und dem Drachen wurde in Europa erstmals von Kreuzfahrern erzählt – Soldaten, die im 11. Jahrhundert aus dem Heiligen Land zurückkehrten – und von da ab häufig auf Ikonen abgebildet. Dieses Bild zeigt, wie Georg furchtlos den Drachen tötet, um eine Prinzessin zu retten.

Gottesmutter von Kasan

Die Beschützerin von Russland

- **Entstehungszeit** 17. Jahrhundert
- **Technik** Tempera auf Holz

Dieses Bild von Maria, die ihren Kopf zu Jesus neigt, war eine heilige Ikone in der russisch-orthodoxen Kirche. Sie galt als Beschützerin der Stadt Kasan und Schutzpatronin von ganz Russland. Es entstanden viele Ikonen von Maria, auf denen sie gütig auf die Betrachtenden herabblickt. Mit einer schleierähnlichen Kopfbedeckung wendet sie sich ihrem Kind zu, das immer in Gestalt eines kleinen Mannes dargestellt wird.

Engel

Verzierung einer äthiopischen Kirche

- **Entstehungszeit** 17. Jahrhundert/19. Jahrhundert
- **Technik** Fresko

Diese Ikonen befinden sich in einer Kirche, die der äthiopische Kaiser Iyasu I. erbauen ließ. Sie wurde Debre Berhan Selassi oder „Dreifaltigkeit auf dem Berg des Lichts“ genannt. Im Inneren sind Wände und Decke mit Ikonen verziert. 135 dieser Engelsgesichter – oder geflügelten Cherubinen – schmücken die Decke. Mit ihren großen schwarzen Augen stehen sie für die Allgegenwart Gottes. In anderen Teilen der Kirche (nicht abgebildet) stellen drei identische Männer mit Heiligenschein die Dreifaltigkeit dar: Vater, Sohn und Heiliger Geist.

HEILIGER KAISER
Dieses Mosaik in der Kirche San Vitale im italienischen Ravenna zeigt den byzantinischen (oströmischen) Kaiser Justinian I. und sein Gefolge. Es entstand 540 n. Chr., kurz nachdem Justinians Armee Ravenna eingenommen hatte. Justinian ist mit einem Heiligenschein abgebildet und hält das christliche Abendmahlsbrot in der Hand.

Altislamische Kunst

Der Prophet Mohammed begründete 622 n. Chr. in Medina (heute Saudi-Arabien) die Religion des Islam. Im Lauf des 7. Jahrhunderts verbreitete sich der Glaube nach Asien, Afrika und Europa. Verschiedene Einflüsse, von der frühpersischen bis zur christlichen Kunst, verschmolzen zu einem eigenständigen islamischen Kunststil.

▼ **Geometrische Kachel**, 13. Jahrhundert
Die islamische Kunst wurde häufig mit älteren persischen Stilen kombiniert, wie auf dieser Fliese mit Kalligrafie und einer Phönix-Darstellung.

SCHÖNE MUSTER

Prächtige Mosaiken wurden geschaffen, um Moscheen und andere religiöse Gebäude zu schmücken. Die islamische Kunst unterscheidet sich vom Großteil der westlichen und asiatischen Kunst, da sie selten Menschen oder andere Lebewesen abbildet. Stattdessen weist sie oft Kalligrafie und geometrische oder Blumenmuster auf.

▲ **Perserteppich**, 16. Jahrhundert
Viele Teile der islamischen Welt wurden für ihr Kunstgewerbe berühmt. In Persien (heutiger Iran) wurden feine Teppiche gefertigt.

ENTWICKLUNGSSPRÜNGE

Große Fortschritte in Kunst, Architektur, Wissenschaft, Medizin, Mathematik und Astronomie wurden in den Regionen erzielt, in denen der islamische Glaube zuerst ausgeübt wurde, von Nordafrika im Westen bis zum Persischen Golf im Osten. Die Kunst war oft religiös, aber auch weltliche Kunst, wie etwa emailliertes Glas und gemusterte Teppiche, schätzten die islamischen Gesellschaften sehr.

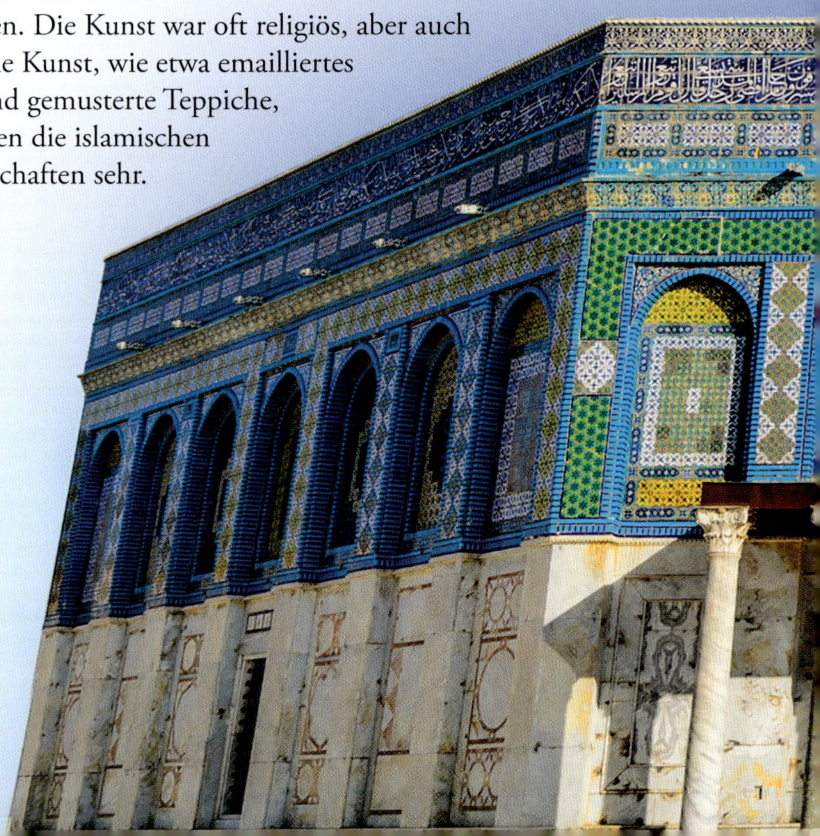

In der islamischen Kultur haben Kunsthandwerk und Kunstgewerbe den gleichen Stellenwert wie Malerei und Bildhauerei.

DER KORAN

Im Zentrum des Islam steht der Koran, das heilige Buch dieser Religion. Einige frühe Ausgaben waren in wunderschöner Kalligrafie geschrieben. Daher wurde die Kalligrafie zu einem wichtigen Element der islamischen Kunst. Viele islamische Bilder haben Inschriften und Muster in der Art verschnörkelter Buchstaben.

Dieses Exemplar des Korans aus dem 14. Jahrhundert stammt aus Persien (heute Iran).

FRÜHE MOSCHEE

Der Felsendom ist eine Moschee auf dem Tempelberg in Jerusalem. Er wurde 691 n. Chr. fertiggestellt. Kunstvoll und glänzend ist er mit leuchtend farbigen Mosaiken und Kacheln in verschachtelten, sich wiederholenden Mustern geschmückt. Moscheen wie diese wurden verziert, um die Gläubigen zum Nachdenken über das Leben und die Größe der Schöpfung anzuregen.

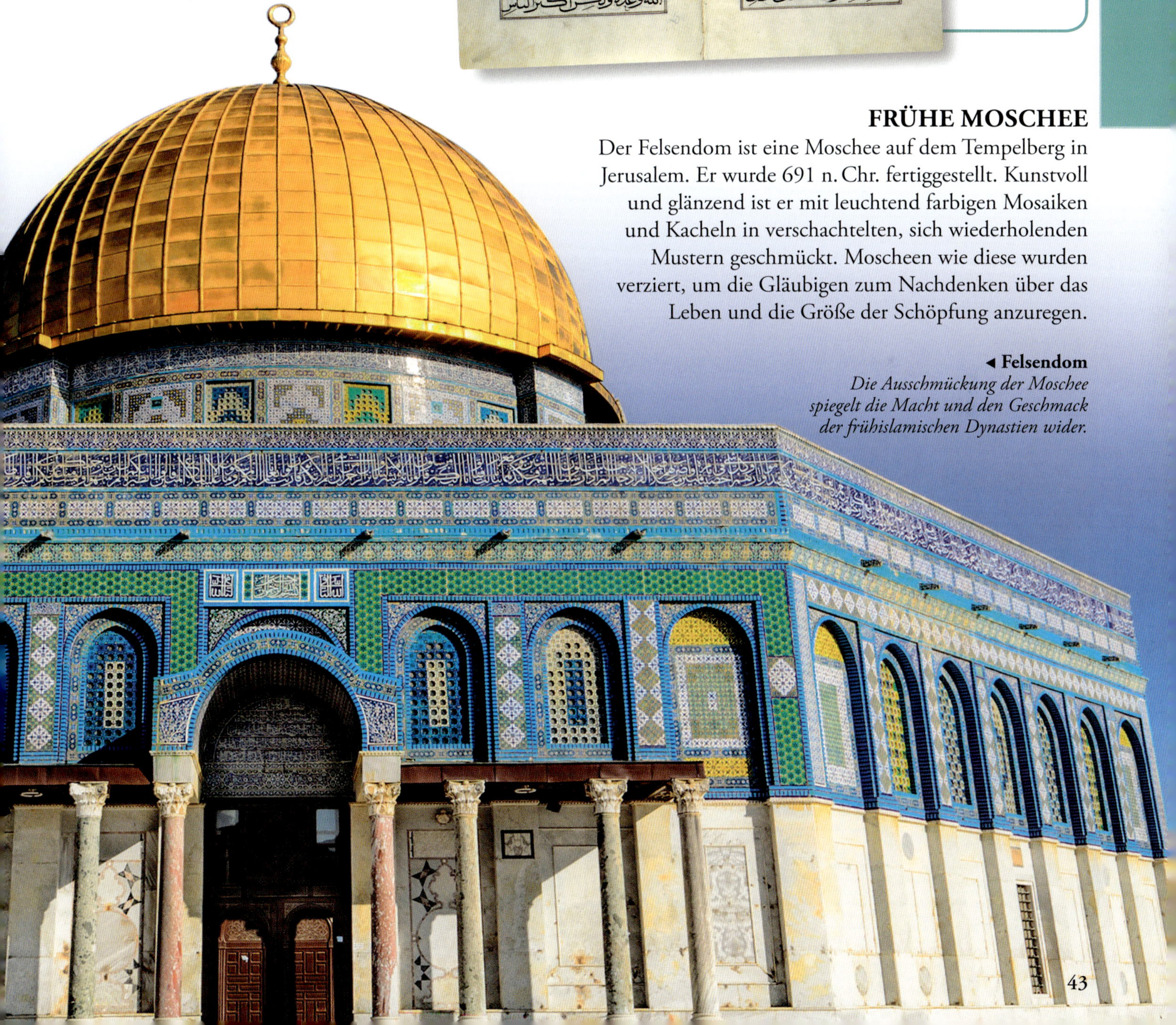

◂ **Felsendom**
Die Ausschmückung der Moschee spiegelt die Macht und den Geschmack der frühislamischen Dynastien wider.

Book of Kells

Das Book of Kells ist eine Bilderhandschrift – ein illustriertes, handgeschriebenes Buch. Es umfasst die vier Evangelien aus dem Neuen Testament der Bibel, die die Lebensgeschichte von Jesus erzählen, und zehn ganzseitige Abbildungen wie diese. Vermutlich wurde das Buch im 8. Jahrhundert von keltischen Mönchen auf der schottischen Insel Iona gefertigt.

VIER EVANGELISTEN
Das sind die vier Männer, die die Evangelien des Neuen Testaments schrieben: Matthäus, Markus, Lukas und Johannes. Jeder hatte ein eigenes Symbol, an dem die Lesenden ihn erkannten. So war das Symbol von Markus der Löwe.

GOTTESMUTTER MIT KIND
Das ist die erste Darstellung einer Gottesmutter mit Kind in einer westlichen Handschrift. Der lateinische Text auf der anderen Seite beschreibt eine weitere Episode aus dem Leben Jesu und bedeutet: „Dann wurden zwei Diebe mit Christus gekreuzigt."

LEBENDIGE FARBEN
Mindestens drei Mönche schrieben den Text der Evangelien ab, dann schufen andere Mönche die Buchmalereien mit leuchtend farbigen Tuschen. Einige davon wurden aus seltenen Farbstoffen hergestellt.

DIE PFAUEN
Zu beiden Seiten von Jesus ist ein Pfau. Der Vogel war ein Symbol für Christi Auferstehung, da man glaubte, dass das Fleisch des Pfaus nie verwese.

KELTISCHE ORNAMENTE
Die kunstvollen Buchstaben enthalten Muster und Bilder, manchmal Katzen oder Mäuse, ein anderes Mal menschliche Figuren. Die Windungen, Knoten und Spiralen sind alle Teil des keltischen Kunststils.

THRONENDER JESUS
Jesus wird auf einem Thron dargestellt, um zu zeigen, dass er der Herrscher der Welt ist. Das war ein übliches Motiv in der frühchristlichen Kunst. Umgeben von Heiligen, befand sich Jesus stets in der Mitte.

Aufstieg Italiens

Ab etwa 1290 begann sich die Kunst in Italien zu verändern, ein Prozess, der heute als Vorrenaissance oder Protorenaissance bezeichnet wird. Die christliche Kunst des Byzantinischen Reichs, das im Herzen der heutigen Türkei lag, war flächig und unrealistisch. Die italienische Kunst griff dieselben religiösen Themen wie die byzantinische auf, doch ihre Werke waren wirklichkeitsnaher.

▲ ***Thronende Madonna***, 1280–1285, Cimabue
Dieses Werk ähnelt einem byzantinischen Gemälde, aber weist eine lebensnahere Darstellung von Jesus auf.

REALISTISCHE PROPORTIONEN

Obwohl nur wenig über sein Leben bekannt ist, war der Florentiner Maler Cimabue vielleicht der erste italienische Künstler, der sich von einigen Merkmalen der byzantinischen Malerei löste. Auch wenn er eine christliche Bildsprache verwendete, die der byzantinischen nahekam, schuf er naturgetreuere Proportionen und Schattierungen.

EINE NATÜRLICHERE ANMUTUNG

Der in Florenz geborene Giotto de Bondone malte Bilder, die natürlicher und realistischer wirkten als die stilisierten byzantinischen Gemälde. Das erreichte er durch die Verwendung von hellen und dunklen Tonwerten, die Überschneidung der Figuren und Gesichtsausdrücke, die Gefühle vermittelten.

SATTE FARBEN

Der Maler Duccio di Buoninsegna lebte und arbeitete in der italienischen Stadt Siena. Er leitete eine große Werkstatt und schuf ausdrucksstarke und zarte Gemälde, die Farbe und Harmonie betonten. Im Gegensatz zu den klaren Konturen der byzantinischen Kunst malte Duccio weiche Figuren in warmen Farben.

► ***Die Heilung eines Blinden***, 1307–1311, Duccio
Dieses sanfte, farbenfrohe Gemälde bebildert eines der Wunder, die Jesus vollbrachte.

In dieser Zeit war Italien in Stadtstaaten unterteilt, deren Kunst miteinander konkurrierte.

TEMPERA- UND FRESKENMALEREI

In der italienischen Kunst jener Zeit kamen zwei Maltechniken zum Einsatz. Die eine war die Malerei mit Tempera, einem trockenen, pulverförmigen Pigment, das mit Ei angemischt wurde. Temperafarben konnten sehr leuchtend sein, mussten aber rasch aufgetragen werden, weil sie schnell trockneten. Die andere war die Freskenmalerei auf frisch verputzte Wände, eine Technik, die in der minoischen Kultur ab etwa 2000 v. Chr. verwendet wurde.

◄ ***Der Kuss des Judas***, 1304–1306, Giotto
Auf diesem Fresko sorgen die sich überlappenden Figuren für eine räumliche Tiefenwirkung.

► ***Verkündigung mit der hl. Margarete und dem hl. Ansanus***, 1333, Martini und Memmi
Dieses riesige Bild misst 305 × 265 cm und wurde mit Tempera und Gold auf Holz gemalt.

Gotische Kunst

Ab dem 12. Jahrhundert wurden in ganz Europa große Kirchen und Kathedralen errichtet. Sie waren mit farbenprächtigen Gemälden ausgeschmückt, die oft leicht überlängte, elegante Figuren und verschachtelte Details aufwiesen. Auch aufwendige Buchmalereien entstanden. Dieser Kunststil wurde später als Gotik bekannt.

Das Wilton-Diptychon

Erlesene Gemälde auf zwei Tafeln

- **Herkunft** Unbekannt
- **Entstehungszeit** um 1395
- **Technik** Tempera auf zwei Tafeln

Das Wilton-Diptychon zeigt König Richard II. von England, der vor Maria und Jesus kniet. Hinter ihm stehen Johannes der Täufer sowie Eduard der Bekenner und Edmund der Märtyrer. Es ist mit Blattgold und blauem Lapislazuli gearbeitet. Da es aus zwei zusammenklappbaren Flügeln besteht, wird es als Diptychon bezeichnet (griechisch für „doppelt gefaltet“).

Das Stundenbuch des Herzogs von Berry

Meisterwerk der Buchmalerei

- **Künstler** Brüder von Limburg
- **Entstehungszeit** 1412–1416
- **Technik** Gouache auf Pergament

Als die Buchmalereien immer anspruchsvoller wurden, wurden einige Namen ihrer Schöpfer berühmt. Zu ihnen gehörten die Brüder von Limburg aus den Niederlanden, die dieses Werk für den Herzog von Berry anfertigten. Sie schufen detailreiche Szenen in leuchtenden Farben für jeden Monat des Jahres. Diese Freilichtszene stellt den April dar.

Anbetung der Hl. Drei Könige

Öffentliche Zurschaustellung von Reichtum und Frömmigkeit

- **Künstler** Gentile da Fabriano
- **Entstehungsjahr** 1423
- **Technik** Tempera auf Holztafel

Die gotische Kunst entwickelte sich zunächst an den Höfen in Frankreich und Italien und verbreitete sich dann in ganz Europa. Ein Großteil der Werke wurde von königlichen und adligen Familien in Auftrag gegeben, die damit zeigen wollten, wie fromm und reich sie waren. Dieses prächtige Bild wurde von dem italienischen Künstler Gentile da Fabriano als Altarbild gemalt. Es zeigt die drei Könige, die das Jesuskind anbeten und ihm Geschenke bringen. Die drei Männer stehen auch für hohes Alter, mittleres Alter und Jugend.

Darbringung im Tempel

Gemälde für ein Privathaus

- **Künstler** Stefan Lochner
- **Entstehungsjahr** 1447
- **Technik** Öl auf Holztafel

Unter den Malereien der Gotik finden sich zahlreiche kleine Holztafeln, die zur Andacht im eigenen Heim genutzt wurden. Dieses Beispiel des deutschen Malers Stefan Lochner stellt eine Bibelgeschichte dar, in der Maria ihr Kind im Tempel von Jerusalem darbringt. Lochner schmückt den Hintergrund mit aufwendigen Details und lässt die Figuren einander überlagern, um ein Gefühl von Tiefe zu erzeugen. Durch die üppige Verwendung von Blau und Gold wirkt das Gemälde wie ein Prunkstück. Im Kerzenlicht einer Kirche hätte es wie ein Edelstein gefunkelt.

Europäische Renaissance

Ab dem 15. Jahrhundert wuchs in Teilen Italiens ein neues Interesse an der Kunst und Wissenschaft der griechischen und römischen Antike. Ehrgeizige Malerinnen und Maler kombinierten diese Ideen mit denen, die sie in Werken der Vorrenaissance, wie von Giotto, gesehen hatten, und versuchten, eine möglichst lebensnahe Kunst zu schaffen. Diese Periode wurde als Renaissance bekannt.

▼ ***Das mystische Rad***, 1451–1452, Fra Angelico
Dieses anspruchsvolle Werk zeigt in einem ungewöhnlichen kreisförmigen Bildaufbau eine Vision des Propheten Hesekiel aus dem Alten Testament.

EINE NEUE RICHTUNG

Die Kulturepoche vom 15. bis 17. Jahrhundert wurde im 19. Jahrhundert als Renaissance bezeichnet (französisch für „Wiedergeburt") und war in ganz Europa verbreitet. Die Kunst der Renaissance griff auf Mittel und Konzepte zurück, die seit der römischen Antike vernachlässigt worden waren, und führte neue Techniken wie die Zentralperspektive ein, um die Werke noch realistischer zu gestalten.

◀ ***Anbetung der Hirten***, 1485, Domenico Ghirlandaio
Dieses große Altarbild wurde für eine Kirche in Florenz angefertigt.

KUNSTFÖRDERUNG

Die Herrschenden in italienischen Städten wie Florenz, Mailand, Siena und Venedig nutzten den Reichtum, den sie durch Handel und Bankgeschäfte erworben hatten, um die Kunst zu fördern. Wohlhabende Mäzene und Gönnerinnen gaben große Gemälde und Skulpturen für Kirchen, Paläste und öffentliche Gebäude in Auftrag.

In der Renaissance wirkte die europäische Kunst zum ersten Mal seit der römischen Antike wieder räumlich.

▲ ***Madonna mit Kind und der Familie des Dogen Alvise Mocenigo***, 1573, Tintoretto
Die Werke der Renaissance bildeten oft Personen des reichen Mäzenatentums ab. Der Doge Mocenigo (vorn links kniend), ein bedeutender venezianischer Herrscher, wird hier in leuchtenden Ölfarben porträtiert.

VENEZIANISCHE FARBGEBUNG

Ab dem 16. Jahrhundert entwickelte die Renaissancekunst in den verschiedenen Städten einen eigenen, unverwechselbaren Stil. Die venezianische Schule, zu der Tizian und Tintoretto gehörten, experimentierte mit Ölfarben. Sie entdeckte, dass mit diesen neuen Farben satte und leuchtende Farbeffekte erzielt werden konnten.

STILISIERTE FIGUREN

Im 16. Jahrhundert wandten sich Kunstschaffende wie der Spanier El Greco von der realistischen Malerei ab und schufen übertriebene, überlängte Figuren – ein Stil, der Manierismus genannt wird. Ihre Gemälde wirkten oft proportional unausgewogen und verwendeten ungewöhnliche perspektivische Effekte sowie eine unnatürliche Licht- und Farbgebung und Körperhaltung der Figuren.

▸ ***Johannes der Täufer mit dem hl. Franz von Assisi***, um 1541, El Greco
Diese Figuren wurden im manieristischen Stil überlängt. Sie stehen in einer ländlichen Szene, die in unnatürlich blaues Licht getaucht ist, das den Himmel sehr nah erscheinen lässt.

Florentinische Kunst

Die Zeit vom Ende des 14. Jahrhunderts bis zum Ende des 15. Jahrhunderts wird als Frührenaissance bezeichnet. Viele Neuerungen in der Kunst jener Zeit konzentrierten sich auf den italienischen Stadtstaat Florenz in der Toskana.

In Florenz waren Pigmente für Farben in der Apotheke erhältlich.

FLORENZ BLÜHT AUF

Unter der Herrschaft der mächtigen Familie Medici wuchs und gedieh Florenz im 15. Jahrhundert, und die Stadt übernahm die Führung bei vielen neuen Entwicklungen, insbesondere in der Kunst. Infolgedessen lebten und arbeiteten hier die Talentiertesten ihres Genres, und Florenz wurde als „Wiege der Renaissance“ bekannt.

◂ ***Zug der Heiligen drei Könige***, 1459, Benozzo Gozzoli
Die drei Weisen aus der Weihnachtsgeschichte sind auf dem Weg nach Bethlehem zu sehen. Die Landschaft mutet toskanisch an.

◂ ***Dreifaltigkeit***, um 1427, Masaccio
Um die für die Perspektive erforderlichen Linien zu zeichnen, schlug der Künstler auf Augenhöhe eines stehenden Menschen einen Nagel ein und befestigte daran strahlenförmig verlaufende Schnüre.

ABKEHR VOM ALTEN

In der Frührenaissance entwickelte sich eine Strömung, die man Humanismus nannte. Ihr zufolge sollte jeder Mensch Zugang zu Bildung haben, die Kunst naturgetreu und die Religion nicht ihr einziges Motiv sein. Die Florentiner Kunst brachte nun viele Werke hervor, die sich auf die griechische und römische Mythologie anstatt auf das Christentum bezogen.

▾ ***Die Geburt der Venus***, 1486, Sandro Botticelli
Botticelli malte die römische Göttin Venus als Symbol der göttlichen Liebe.

PERSPEKTIVEREGELN

Einigen Malerinnen und Malern gelang eine Tiefenwirkung, indem sie manche Objekte kleiner zeichneten als andere, doch sie handelten dabei instinktiv. Um 1420 erarbeitete der Architekt Filippo Brunelleschi mathematische Regeln für das perspektivische Zeichnen, und die Kunst der Renaissance machte sich diese Technik zu eigen.

NATURSTUDIUM

Die Malerei der Frührenaissance befasste sich eingehend mit der Natur, um den menschlichen Körper, Pflanzen, Oberflächenbeschaffenheiten, Licht und Bewegungen genau wiedergeben zu können. In reichen Städten wie Florenz wurden Gebäude errichtet, die mit großen neuen Werken ausgestattet wurden und der Kunst viel Raum für innovative Ideen boten.

◂ ***Letztes Abendmahl***, 1480, Domenico Ghirlandaio
Dieses lebensnahe Gemälde einer biblischen Szene schmückte das Refektorium (Speisesaal) eines Klosters, wo es von den Mönchen betrachtet werden konnte.

Neuerungen der Renaissance

In der Überzeugung, dass die griechische und römische Kunst der Antike unübertroffen sei, verknüpfte die Malerei der Frührenaissance die Ansichten der Antike mit eigenen humanistischen Vorstellungen und schulte sich im Umgang mit der Zentralperspektive. Dies führte zu einem eigenständigen und innovativen Kunststil.

Brancacci-Kapelle

Zierfresko für eine private Kapelle

- **Künstler** Masaccio und Masolino
- **Entstehungszeit** um 1424–1427
- **Technik** Fresko

Um 1424 begannen zwei Künstler, in der Kapelle der Familie Brancacci in der Karmeliterkirche in Florenz Fresken zu malen, die das Leben des Heiligen Petrus darstellen. Da beide Künstler Tommaso hießen, erhielten sie die Beinamen Masaccio und Masolino, der große und der kleine Thomas. Vor allem Masaccio bewies in seinen Werken ein Verständnis für Anatomie, Perspektive, Verkürzung und Farbe.

Taufe Christi

Mathematisch ausgewogener Bildaufbau

- **Künstler** Piero della Francesca
- **Entstehungszeit** 1450er-Jahre
- **Technik** Tempera auf Holztafel

Piero war Künstler und Mathematiker und verfasste Werke über Geometrie und Perspektive. Mithilfe seines mathematischen Wissens schuf er einen harmonischen Bildaufbau durch geometrische Formen. Dieses Gemälde zeichnet sich durch eine vollkommene Ausgewogenheit der Formen aus, etwa indem sich die Taube direkt über dem Kopf von Jesus befindet.

▼ ***Verkündigung***
Damit das Gemälde kostbar anmutete, verwendete Lippi teures Gold und blaues Lapislazuli-Pigment. Er stellte die biblischen Figuren wie Wohlhabende aus Florenz dar, damit sich die Betrachtenden mit ihnen identifizieren konnten.

Verkündigung

Ausschmückung für den Palazzo Medici in Florenz

- **Künstler** Fra Filippo Lippi
- **Entstehungszeit** um 1450–1453
- **Technik** Tempera auf Holztafel

Fra Filippo Lippi malte freundlich wirkende Figuren, üppig verzierte Oberflächen und Texturen in sanften Farben, um sowohl seine künstlerischen Fähigkeiten als auch seinen christlichen Glauben zum Ausdruck zu bringen. Dieses Werk wurde wahrscheinlich von der mächtigen Florentiner Familie Medici in Auftrag gegeben, deren Wappen in Form eines Diamantrings und einer Feder an der Mauer unterhalb der Lilienvase zu sehen ist. Lippi demonstriert eine Technik, die die Renaissancemalerei perfektionierte: den Einsatz von hellen und dunklen Farbkontrasten, um Bilder plastisch erscheinen zu lassen.

Tobias und der Engel

Von den Gehilfen eines Künstlers geschaffenes Werk

- **Künstler** Werkstatt des Andrea del Verrocchio
- **Entstehungszeit** um 1470–1475
- **Technik** Tempera auf Holz

Die künstlerische Ausbildung in der Renaissance erfolgte in der Werkstatt eines Meisters. Nachdem man ausreichend Erfahrung gesammelt hatte, durfte man Aufträge für den Meister übernehmen. Dieses Werk wurde von mehreren Gehilfen und Lehrlingen in der Werkstatt des Florentiner Künstlers Andrea del Verrocchio gemalt. Es bebildert eine Szene aus dem Buch Tobit des Alten Testaments, in der ein Engel Tobias hilft, die Blindheit des Vaters mit der Galle eines Fischs zu heilen.

TAPFERER RITTER
Der italienische Künstler Paolo Uccello malte *Hl. Georg und der Drache* um 1450. Georg ersticht den Drachen, der eine Stadt eingeschüchtert hat, und rettet eine Prinzessin. Um seine perspektivischen Fähigkeiten zu zeigen, malte Uccello rasterartige Grasflächen und richtete die Sturmwolke an Georgs Lanze aus als Zeichen der Hilfe Gottes.

Primavera

Der Florentiner Künstler Sandro Botticelli malte 1482 das Bild *Primavera (Frühling)*, das griechische und römische Mythologie mit christlichen Themen verbindet. Der Maler wurde von einigen der größten Kunstförderer und Mäzeninnen der Frührenaissance geschätzt, darunter auch vom Papst. Das Werk entstand im Auftrag der reichen und mächtigen Familie Medici, die damals Florenz regierte.

AMOR
Über Venus fliegt der Liebesgott Amor mit seinen Flügeln und Pfeilen. Botticelli malte ihn im Stil einer christlichen Putte.

DIE DREI GRAZIEN
Die drei Grazien, die Töchter des Götterkönigs Zeus, tanzen im Kreis. In der griechischen Mythologie wurden sie geschaffen, um die Welt mit Freude und Gefühl zu erfüllen. Außerdem stehen sie für Schönheit und Frühlingsglück.

MERKUR
Merkur, der Götterbote mit den Flügelschuhen, vertreibt mit seinem Stab aus verschlungenen Schlangen die Winterwolken.

NATUR
Botticelli malte hier fast 500 verschiedene Pflanzenarten. Damit ähnelt sein Malstil den Wandteppichen, die in Florenz oft die Häuser der Wohlhabenden schmückten.

VENUS
Venus, die römische Göttin der Liebe und Schönheit, steht in einem Garten. Unter einem Bogen aus Obstbäumen ähnelt sie bekannten Darstellungen der Jungfrau Maria, trägt aber den Kopfschmuck einer ehrbaren verheirateten Florentinerin.

FLORA
Zephyr, der Gott des Westwinds, stellt der Nymphe Chloris nach. Eine Nymphe ist eine schöne junge Frau, aber keine Göttin. Im griechischen Mythos verwandelt Zephyr Chloris in Flora, die Göttin der Blumen und des Frühlings.

Hochrenaissance

Zwischen 1490 und 1527 zeigte sich die italienische Kunst – insbesondere in Rom – naturgetreuer als je zuvor. Die Techniken der Perspektive und Schattierung wirkten ausgefeilter und die Darstellung von Mensch und Natur noch wirklichkeitsnaher. Die Malerei konzentrierte sich darauf, harmonische und ausgewogene Werke zu schaffen. Diese Periode ist heute als Hochrenaissance bekannt.

Raffaels realistische Darstellung von Menschen

BEDEUTENDE PERSÖNLICHKEITEN

Einige der berühmtesten Maler aller Zeiten waren während der Hochrenaissance in Rom tätig: Leonardo da Vinci, Michelangelo Buonarroti und Raffael (geboren als Raffaello Sanzio). Sie erlangten zu ihren Lebzeiten enormen Ruhm und erhielten viele Einladungen, in Städten in ganz Italien zu arbeiten.

▼ ***Harpyienmadonna***, 1517, Andrea del Sarto
Durch den Einsatz von Ölfarben konnte del Sarto dieses Bild mit einer breiten Palette an satten Farben malen.

UMSTIEG AUF ÖLFARBE

Nach dem Vorbild der nordeuropäischen Kunst wandte sich die italienische Malerei in der Hochrenaissance von Tempera ab und mischte die Pigmente mit Öl an. Ölfarbe trocknet langsam, sodass mehr Zeit bleibt, um Farben zu überlagern, eine größere tonale Vielfalt zu erzeugen, Details auszuarbeiten und Korrekturen vorzunehmen.

Als Raffael 1520 im Alter von nur 37 Jahren starb, säumten zu seinem Begräbnis riesige Menschenmengen die Straßen Roms.

▼ ***Madonna della Sedia***, um 1513–1514, Raffael
Auf diesem innigen Bild liebkost die Jungfrau Maria ihr Kind im Beisein des jungen Johannes des Täufers.

wurde bewundert.

▸ ***Die heilige Nacht***, 1522–1529, Correggio
Dieses Bild mit den dramatischen Hell-Dunkel-Kontrasten ist eine der ersten Nachtdarstellungen und scheint in einem geheimnisvollen Licht zu leuchten.

GENAUE BEOBACHTUNG

Wie in der griechischen Antike strebte auch die Kunst der Hochrenaissance nach dem Idealen und einer möglichst perfekten Darstellung der Natur. Um das zu erreichen, galten Schönheit, ausgewogene Proportionen und harmonische Farben als oberstes Ziel. Die Umwelt wurde genau studiert und die durch die Verwendung von Ölfarben gewonnene Zeit genutzt, um kleinste Details einzubeziehen und den Eindruck von Tiefe und Licht zu erzeugen.

▸ ***Die mystische Vermählung der hl. Katharina von Siena***, 1512, Fra Bartolomeo
Der Dominikanermönch arbeitete in Florenz, Venedig und Rom. Hier porträtierte er Maria und Jesus auf einem Altarbild.

VERBREITUNG NEUER IDEEN

Mit dem Aufschwung der Renaissance verbreiteten sich viele Ideen, die in Florenz oder Rom aufgekommen waren, in ganz Italien und im übrigen Europa. Die wohlhabende Käuferschaft der Werke schätzte Individualität und Erfindungsreichtum, sodass immer prächtigere und prunkvollere Gemälde entstanden.

Leonardo da Vinci

Porträt Leonardos aus dem 19. Jahrhundert

Als Maler, Bildhauer, Architekt, Ingenieur, Erfinder, Wissenschaftler und Musiker war Leonardo da Vinci ein Alleskönner. Er gilt weithin als das größte Genie der italienischen Renaissance und wird wegen seiner unzähligen Talente auch als Universalgelehrter bezeichnet. Er wurde „da Vinci“ (italienisch für „aus Vinci“) genannt, nach der Stadt in Italien, in deren Nähe er geboren wurde.

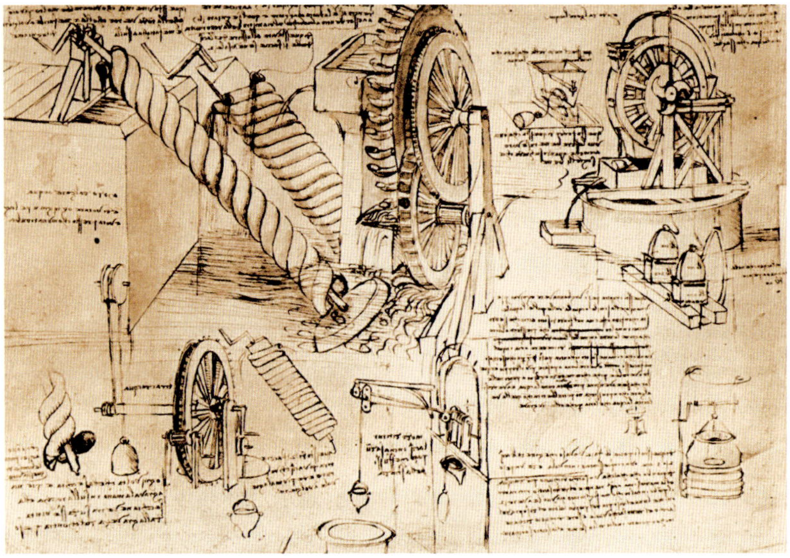

◂ **Wasserschöpfwerk** *Leonardo entwarf die Teile und Funktionsweise dieser Maschine, die zur Bewässerung und Entwässerung von Kanälen dienen sollte.*

ERFINDUNGSREICHER GEIST

Leonardo schrieb und zeichnete in Tausende Notizbücher zu Themen wie Geologie, Anatomie, Flug, Schwerkraft und Optik. Er arbeitete auch als Militäringenieur und hatte Ideen für einen Panzer, ein Fahrrad, einen Fallschirm, ein U-Boot und Flugmaschinen – Hunderte Jahre, bevor sie tatsächlich gebaut wurden.

▸ ***Mona Lisa***, um 1504 *In diesem Werk – seinem berühmtesten – trug Leonardo dünne Schichten durchscheinender (halb transparenter) Ölfarbe auf, um feine Details hervorzuheben und weich wirkende Lichter und Schatten zu erzeugen.*

WELTBERÜHMTES GEMÄLDE

Die *Mona Lisa* sitzt hoch oben auf einem Balkon, lächelt leicht mit dem Mund, aber nicht den Augen, und zieht die Menschen seit mehr als 500 Jahren in ihren Bann. Die leuchtende Haut und die lebensnahen Züge erreichte Leonardo durch weiche, kaum wahrnehmbare Farbübergänge. Diese Technik nennt man Sfumato. Im Hintergrund ist eine verschwommene Landschaft mit Seen und den Alpen zu sehen. Der Name des Modells ist nicht genau belegt, aber möglicherweise handelt es sich um Lisa Gherardini, die Frau eines wohlhabenden Florentiner Bankiers.

LEBENSDATEN

1452–1471	1472–1475	1476–1481	1482–1489
Leonardo wird 1452 geboren. Mit 15 Jahren tritt er in die Werkstatt des Florentiner Malers Andrea del Verrocchio ein.	Mit 20 wird Leonardo in die renommierte Florentiner Malergilde aufgenommen. 1473 entsteht seine erste bekannte Zeichnung – eine Landschaft in Tusche.	Leonardo gründet eine eigene Werkstatt und beginnt, Notizbücher mit seinen Ideen zu füllen und für die mächtige Familie Medici tätig zu werden.	Er übersiedelt nach Mailand und arbeitet für Ludovico Sforza als Ingenieur, Architekt, Maler und Bildhauer. 1489 nimmt er eine riesige Pferdeskulptur in Angriff.

1490–1501	1502–1503	1504–1512	1513–1519
Nach dem Entwurf von Bühnenbildern und -kostümen fängt er 1495 mit dem *Abendmahl* an. 1499 zieht er nach Mantua.	Leonardo ist in Florenz als Militäringenieur und Architekt tätig und legt Pläne für die Umleitung des Flusses Arno vor. Er erstellt einige der ersten genauen Karten.	Leonardo entwirft eine Flugmaschine. Er vollendet die *Mona Lisa* und kehrt nach Mailand zurück. Er wird Hofmaler von Ludwig XII. von Frankreich.	1515 fertigt Leonardo einen mechanischen Löwen für den neuen französischen König Franz I. und zieht an den französischen Hof. Er stirbt 1519.

Meisterwerke der Renaissance

Viele Künstler der Hochrenaissance versuchten, die Meister jener Epoche – Leonardo, Michelangelo und Raffael – nachzuahmen. Diese drei großen Maler schufen während jener Jahre einige der berühmtesten Gemälde aller Zeiten, darunter Michelangelos monumentale Deckengemälde in der Sixtinischen Kapelle in Rom.

Porträt des Francesco delle Opere

Gemälde des Lehrers von Raffael

- **Künstler** Pietro Perugino
- **Entstehungsjahr** 1494
- **Technik** Öl auf Holz

Der florentinische Künstler malte seinen Freund in Dreiviertelansicht. In der rechten Hand hält der Porträtierte ein Metallschild mit der Aufschrift *Timete Devm* (lateinisch für „Fürchte Gott"). Perugino war einer der erfolgreichsten Künstler in den 1480er- und 1490er-Jahren. In seinem Atelier in Florenz ging Raffael in die Lehre.

Madonna mit Kind und dem jungen Johannes dem Täufer

Feinfühliges Werk, das den Einfluss der Meister zeigt

- **Künstler** Fra Bartolomeo
- **Entstehungszeit** um 1497
- **Technik** Öl und Gold auf Holz

Bartolomeo malte dieses Werk, kurz bevor er Dominikanermönch wurde. Es zeigt den Einfluss von Leonardo und Raffael in den zarten Gesichtern und anmutigen Posen der Heiligenfiguren, die in ein weiches Licht getaucht sind. Als er Mönch wurde, kehrte er der Malerei den Rücken, nahm sie aber einige Jahre später auf Wunsch seines Ordens wieder auf.

Sixtinische Madonna (Detail)

Großes Kirchenaltarbild

- **Künstler** Raffael
- **Entstehungsjahr** 1512
- **Technik** Öl auf Leinwand

Im Auftrag von Papst Julius II. entstand das letzte Madonnengemälde Raffaels für den Hochaltar der Kirche San Sisto im italienischen Piacenza. Unten ist ein Detail aus dem unteren Abschnitt des Gemäldes zu sehen. Ein Paar schelmischer *Putten* blickt zu den erwachsenen Figuren über ihnen auf (nicht abgebildet). Sie balancieren das Gemälde aus und verleihen ihm eine zusätzliche menschliche Note.

Die Erschaffung Adams

Meisterwerk der Sixtinischen Kapelle

- **Künstler** Michelangelo
- **Entstehungszeit** 1508–1512
- **Technik** Fresko

Michelangelos Kunst wurde so sehr bewundert, dass man ihm den Beinamen *Il Divino* („der Göttliche") gab. Sein Stil wurde im Italienischen als *Terribilità* bezeichnet, was bedeutet, dass seine Werke etwas Überwältigendes haben. 1508 erhielt er von Papst Julius II. den Auftrag, die Decke der Sixtinischen Kapelle in Rom zu bemalen. In den folgenden vier Jahren verzierte er die riesige Decke mit Szenen aus dem Alten Testament. Eines der bekanntesten Gemälde erzählt, wie Gott den ersten Menschen, Adam, erschuf.

Bildnis eines jungen Mannes

Von einem Renaissancekünstler, der im Schatten seiner Zeitgenossen stand

- **Künstler** Andrea del Sarto
- **Entstehungszeit** um 1517–1518
- **Technik** Öl auf Leinen

Obwohl er zu Lebzeiten sehr bewundert wurde, geriet del Sarto nach dem Tod nahezu in Vergessenheit, weil Leonardo, Michelangelo und Raffael ihn überflügelten. Der Name des seitlich gewandten Mannes auf dem Bild ist nicht bekannt. Das Licht scheint von oben links auf ihn herab, betont das weiße Hemd und taucht den Hinterkopf in einen dunklen Schatten.

▾ Engel mit Flügeln
Auf die Ellbogen gestützt, schauen die beiden Putten sehnsüchtig zu Maria und Jesus über ihnen auf (siehe Seite 9).

Die Schule von Athen

Raffael war der Sohn eines Malers und wurde schon früh von seinem Lehrer Pietro Perugino beeinflusst. Er studierte die Kunst von Leonardo und Michelangelo und wurde selbst ein großer Meister. 1509 malte er in Rom mehrere Fresken für Papst Julius II. Dies ist eines davon und zeigt eine erdachte Szene, in der sich die Geistesgrößen der Geschichte in einem Raum versammeln.

PYTHAGORAS
In kunstvoll gemalten Gewändern schreibt der griechische Philosoph und Mathematiker Pythagoras seinen berühmten Satz über Dreiecke in ein Buch, während einer seiner Schüler ihm ein Diagramm auf einer Kreidetafel zeigt.

RAFFAELS RÄUME

Die Stanzen von Raffael sind vier Räume im Vatikanpalast. Jeder Raum hat ein anderes Thema, das durch mehrere Fresken von Raffael bebildert wurde. Die Stanza della Segnatura, ursprünglich als Bibliothek gedacht, ist mit Fresken über die vier Zweige der humanistischen Lehre verziert: Theologie, Philosophie, Recht und Dichtung. *Die Schule von Athen* steht für die Philosophie und porträtiert die geistigen Köpfe der griechischen Antike.

ALEXANDER UND SOKRATES
Alexander der Große, König von Makedonien und Schüler von Aristoteles, hört dem Philosophen Sokrates zu, der beim Reden etwas an den Fingern aufzählt.

PLATON UND ARISTOTELES
Der griechische Philosoph Platon (an Leonardo angelehnt) deutet auf den Himmel, Aristoteles hingegen auf den Boden, was eine Anspielung auf Platons ideelle und Aristoteles' realistische Sicht ist.

EUKLID BEI DER LEHRE
Umringt von Wissbegierigen, zeichnet der altgriechische Mathematiker Euklid etwas mit dem Zirkel auf. Als Vorbild für Euklid diente Raffael der Renaissancearchitekt Donato Bramante.

Venezianische Kunst

Während der Renaissance war Venedig an viele wichtige Handelsrouten angebunden. Daher kam die venezianische Kunstwelt mit innovativen Gedanken in Berührung. Der Handel versorgte sie mit Farbpigmenten, und ausländische Kaufleute brachten originelle Ideen mit. Auch die eigenen Seeleute kehrten aus fernen Ländern mit neuen Einflüssen zurück.

◂ ***Leonardo Loredan***, 1501, Giovanni Bellini
Der Doge ist äußerst naturgetreu dargestellt und trägt seine Staatsgewänder und die Dogenkappe.

WUNDERSCHÖNE BAUWERKE

Die Bevölkerung Venedigs war stolz auf die Lagunenstadt und errichtete wunderschöne, aufwendig verzierte Paläste und öffentliche Gebäude. Über den Stadtstaat herrschte der Doge, ein älterer, auf Lebenszeit gewählter Staatsmann. An der Ausschmückung des Dogenpalasts am Markusplatz waren die venezianischen Meister Tizian, Tintoretto und Paolo Veronese beteiligt.

◂ ***Die Madonna des Hauses Pesaro***, 1519–1526, Tizian
Hier spielte Tizian mit dem traditionellen Bildaufbau. Es war ungewöhnlich, Maria nicht mittig zu positionieren.

BESUCH AUS NAH UND FERN

Im 15. Jahrhundert war Venedig zu einem der reichsten Stadtstaaten Italiens geworden. Durch den erfolgreichen Handel pflegte er Verbindungen von der islamischen Welt bis nach China im Osten und zu Deutschland und den Niederlanden im Norden. Die Gäste brachten frische Ansätze in die Malerei ein, wie Perspektivetechniken und Ölfarben, die von der venezianischen Kunstwelt aufgegriffen wurden.

Die venezianische Malerei trug Farben in sich überlagernden Schichten auf und erzielte so ihre berühmte, leuchtende Farbgebung.

▸ ***Die drei Philosophen***, um 1506, Giorgione
Es ist heiß umstritten, was diese Figuren symbolisieren. Sie könnten drei verschiedene Epochen repräsentieren: (von rechts) die Antike, die islamische Welt und die moderne europäische Welt.

▲ ***Die Auferweckung des Lazarus***, 1519, Sebastiano del Piombo
Mit den für die venezianische Kunst typischen leuchtenden Farben stellt del Piombo das biblische Wunder dar, bei dem Jesus Lazarus von den Toten auferweckt.

LICHT UND GLANZ

Vielleicht inspiriert vom Licht der Kanäle und Lagunen und von den glitzernden Mosaiken im Markusdom, verstand es die venezianische Malerei besonders gut, Oberflächenmuster und Licht darzustellen. Auf einem glatten weißen Malgrund mischten sie intensive Ölfarben ineinander. Bellini, Giorgione und Tizian fügten ihren Pigmenten manchmal auch Glaspulver hinzu, um den Glanz zu verstärken.

LEONARDO IN VENEDIG

Um 1500 hatte das islamische Osmanische Reich das christliche Byzantinische Reich im östlichen Mittelmeerraum gestürzt. Venedig befand sich im Krieg mit den Osmanen, und der Doge beauftragte Leonardo da Vinci mit der Entwicklung von Verteidigungssystemen gegen Angriffe der feindlichen Flotte. Während seines Aufenthalts prägte Leonardo die venezianische Malerei mit Techniken wie dem Sfumato (siehe Seite 62).

Venezianische Meister

Die Kunstwelt der venezianischen Renaissance inspirierte sich gegenseitig. Am einflussreichsten war die Familie Bellini: Jacopo und seine Söhne Gentile und Giovanni. Viele der venezianischen Meister, wie Tizian, Sebastiano und vielleicht auch Giorgione, begannen ihre Laufbahn als Lehrlinge bei Giovanni Bellini, der ihnen zeigte, wie man mit langsam trocknenden Ölfarben eine intensive Farbgebung erzeugt.

Maria der Verkündigung

Porträt des ersten Italieners, der Ölfarbe verwendete

- **Künstler** Antonello da Messina
- **Entstehungszeit** um 1476
- **Technik** Öl auf Holz

Dem in Sizilien geborenen Maler da Messina wird die Einführung der Ölfarbe in Italien zugeschrieben. 1475/1476 besuchte er Venedig. Man nimmt an, dass er während seines Aufenthalts die venezianische Kunstwelt in die Ölmalerei einführte. Dieses Werk zeigt die Jungfrau Maria, die beim Lesen vom Erzengel Gabriel unterbrochen wird. Er teilt ihr mit, dass sie die Mutter von Jesus sein wird. Dies war ein gängiges Bildmotiv und wurde als „Verkündigung" bezeichnet.

Die Gesangsstunde

Drei Generationen von Männern

- **Künstler** Giorgione
- **Entstehungszeit** um 1500–1501
- **Technik** Öl auf Leinwand

Wer auf diesem Bild, das oft als *Die drei Lebensalter des Mannes* bezeichnet wird, porträtiert wird, ist nicht bekannt. Das Bild könnte einen Kaiser darstellen oder eine biblische Geschichte wiedergeben. Giorgione war ein sehr erfolgreicher Künstler, dessen Schaffen jedoch nur kurz währte, denn er starb mit Anfang 30. Zusammen mit Tizian und den Bellinis begründete Giorgione den venezianischen Renaissancestil.

Altarbild für die Kirche San Zaccaria

Monumentales, skulpturenhaftes Gemälde

- **Künstler** Giovanni Bellini
- **Entstehungsjahr** 1505
- **Technik** Öl auf Tafel

Giovanni Bellini inspirierte die venezianische Renaissancekunst mit seinen leuchtenden Farben, dem strahlenden Licht und der plastischen Erscheinung seiner Figuren. Dieses Altarbild in einer Kirche in Venedig ist ein Beispiel einer *Sacra conversazione* (heilige Unterredung): ein Bild von Maria mit dem Kind, umringt von Heiligen aus verschiedenen Epochen.

▾ Zusammenkunft der Heiligen
Um die thronende Madonna mit Kind sind ein musizierender Engel und die Heiligen Petrus, Katharina, Lucia und Hieronymus abgebildet.

Hl. Maria Magdalena

Späterer venezianischer Meister, der Stile kombinierte

- **Künstler** Tintoretto
- **Entstehungszeit** 1582–1587
- **Technik** Öl auf Leinwand

Tintorettos Werk, das oft sowohl der Renaissance als auch dem Manierismus zugeordnet wird, zeichnet sich gewöhnlich durch muskulöse Figuren, dramatische Posen, kühne Perspektiven und eine intensive Farb- und Lichtgestaltung aus. Diese Frau allein im Wald ist Maria Magdalena, eine reuige Sünderin, der Jesus im Neuen Testament vergibt. Sie sitzt an einem Baum und liest und wird von einem strahlenden Licht beleuchtet – ein Effekt, der den Einfluss nördlicher Renaissancestile zeigt.

DER JUNGE JESUS
1560 schuf der Venezianer Paolo Veronese das Gemälde *Jesus unter den Schriftgelehrten*. Es erzählt die Bibelgeschichte, wie der 12-jährige Jesus mit den Gelehrten im Tempel spricht. Das große Format (236 × 430 cm) ist typisch für die venezianische Kunst. Besonders gut konnte Veronese Menschenmengen und Architektur malen.

Kunst im Norden

Die Kunst in Nordeuropa entwickelte sich während der Renaissance auf besondere Weise. Unerschrockene Seefahrer erschlossen neue Handelswege, was den Wohlstand förderte und der Kunst frische Ansätze lieferte. Gleichzeitig erforderte die Reformierung des Christentums eine veränderte künstlerische Auseinandersetzung mit religiösen Themen.

Die Kunst der Renaissance im Norden war geprägt von Detailtreue, weichen Konturen und einer hellen Lichtgebung.

NEUER REICHTUM UND NEUE AUFTRÄGE

In Nordeuropa war die Kunst weniger von der Kirche abhängig als im katholischen Süden. In den protestantischen Kirchen des Nordens wurden keine großen Fresken benötigt. Stattdessen wurde Kunst von Bürgern beauftragt, die es durch den Handel zu Wohlstand gebracht hatten und ihre Häuser mit kleineren Bildern ausstatten wollten. Diese neue Käuferschicht gab sowohl religiöse als auch weltliche Werke in Auftrag.

▼ ***Die Kinderspiele***, 1560, Pieter Bruegel der Ältere
In dieser Alltagsszene beschäftigen sich Kinder aller Altersgruppen mit Spielzeug, rollen Reifen, laufen auf Stelzen, reiten auf Steckenpferden und machen Handstand.

RELIGIOSITÄT IM MODERNEN UMFELD

Im Gegensatz zur italienischen Malerei knüpfte die niederländische Renaissancekunst nicht an die griechische und römische Antike an, sondern ließ sich von der Gotik inspirieren (siehe Seiten 48–49). Zugleich stand sie unter dem Einfluss der Reformation, die die Auslegung des Christentums infrage stellte. Infolgedessen wurden Heiligenfiguren oft als wohlhabende, bürgerliche Menschen in zeitgenössischer häuslicher Umgebung dargestellt.

▲ ***Mérode-Triptychon***, um 1430, Robert Campin
Der niederländische Maler Campin siedelte die im gotischen Stil dargestellte Verkündigung des Erzengels Gabriel an Maria in einem gewöhnlichen Haus an.

▲ ***Selbstbildnis***, 1498, Albrecht Dürer
Der deutsche Künstler Albrecht Dürer, ein Meister seiner Zeit, malte sich hier selbst im Alter von 26 Jahren.

DETAILGENAUIGKEIT

Die Talentiertesten der Renaissance im Norden waren außerordentlich geschickt und sicher im Umgang mit den neuen Ölfarben. Sie stellten in ihren Werken, die oft auf Holztafeln und nicht auf Leinwand gemalt wurden, genau beobachtete Details dar. Dank der größeren Freiheit bei der Wahl des Motivs experimentierten sie neben religiösen Themen auch mit Selbstporträts, Landschaften und Alltagsszenen.

DIE ERSTEN ÖLFARBEN

Es ist nicht bekannt, wann Ölfarben erstmals verwendet wurden oder wer sie ursprünglich erfand, aber im Lauf des 15. Jahrhunderts mischte die niederländische Malerei trockenes Pigmentpulver mit Öl statt mit Ei an. Ölfarben haben einen leichten Glanz, lassen sich leicht verteilen und trocknen langsam, sodass Zeit für Korrekturen und die Ausarbeitung von Details bleibt.

▸ ***Christus trägt das Kreuz***, 1475–1480, Martin Schongauer
Das ist ein Ausschnitt aus einem größeren Altarbild, das die intensive Palette der Ölfarben offenbart.

Jan van Eyck

Kupferstichporträt von van Eyck, um 1425

Der flämische Künstler Jan van Eyck war bereits mit 30 Jahren ein Meister der Malerei und betrieb zusammen mit seinem älteren Bruder Hubert eine Werkstatt in Den Haag. Nach Huberts Tod wurde Jan vom mächtigen Herzog von Burgund angestellt, für den er den Rest seines Lebens tätig war. Dabei entwickelte er neue Techniken der Ölmalerei und schuf unglaublich naturgetreue Werke.

MALEREI

◂ ***Mann mit rotem Turban***, 1433
Van Eycks Geschick als Porträtmaler zeigt sich in dieser wirklichkeitsnahen Studie, die viele für ein Selbstporträt halten.

DIPLOMATISCHER MALER

Van Eyck arbeitete den größten Teil seiner Schaffenszeit in Lille und Brügge, sowohl für private Kundschaft als auch für den Herzog von Burgund. Als gebildeter Mann wurde er vom Herzog auf mehrere diplomatische Missionen ins Ausland entsandt. Er war für sein Talent als Porträtmaler bekannt und reiste nach Lissabon, um die zukünftige Frau des Herzogs, Isabella von Portugal, zu porträtieren. Das war eine heikle Aufgabe, denn der Herzog wusste nicht, wie Isabella aussah.

BIS INS LETZTE DETAIL

Obwohl van Eyck allein nur rund 23 Gemälde zugeschrieben werden, war sein Einfluss auf andere enorm. Viele versuchten, seine lebensnahen, akribischen Details, klaren Farben, präzise Perspektive und glänzenden Lichteffekte zu kopieren. Er trug dünne, durchscheinende Schichten von Ölfarben auf, die er aus Pigmenten und Leinöl anmischte. Zu jener Zeit waren Ölfarben etwas ganz Neues. Van Eyck setzte sie so ein, dass seine Pinselstriche nahezu unsichtbar waren.

LEBENSDATEN

1390–1395	1396–1421	1422–1425	1426–1430
Jan van Eyck wird im belgischen Maaseik geboren. Sein Bruder, Hubert van Eyck, ist rund fünf Jahre älter als Jan.	Über seine Kindheit ist wenig bekannt, aber van Eyck lernt Latein, Griechisch und Hebräisch. Er hat zwei jüngere Geschwister, Lambert und Margareta.	Mit seinem Bruder Hubert ist van Eyck in Den Haag tätig und wird Hofmaler von Johann von Bayern. Ab 1425 arbeitet er für Philipp den Guten, den Herzog von Burgund.	Hubert van Eyck stirbt. Von 1426 bis 1429 übernimmt Jan van Eyck geheime Aufträge für Philipp als Gesandter seines Hofs, wofür er gut bezahlt wird.

◀ ***Die Arnolfini-Hochzeit***, 1434
Dieses Porträt eines wohlhabenden Mannes und seiner Frau ist voller religiöser Symbole und zeigt van Eycks meisterhafte Beherrschung von Licht, Oberflächenstruktur und Perspektive.

▲ **Besuch im Spiegel**
Der Spiegel enthüllt die Rückansicht des Paars und zwei besuchende Personen, die vor ihnen stehen.

1431–1432	1433–1434	1435–1436	1437–1441
In Philipps Diensten verdient van Eyck genug für eine eigene Werkstatt. 1432 stellt er den von Hubert begonnenen Genter Altar fertig.	Van Eyck entwickelt neue Techniken der Ölmalerei. 1433 vollendet er das Gemälde *Mann mit rotem Turban* und 1434 *Die Arnolfini-Hochzeit*.	Wegen seiner naturgetreuen, detailreichen Gemälde wird van Eyck weithin bewundert und erlangt großen Ruhm. 1435/1436 malt er einige seiner besten Werke.	Van Eyck wird Mitglied der angesehenen Lukasgilde in Tournai und betreibt in Brügge eine florierende Werkstatt, stirbt aber bald darauf 1441.

SCHMUTZIGE TRICKS
Auf diesem Bild von um 1500 mit dem Titel *Der Gaukler* fasziniert ein Taschenspieler eine Menschenmenge. Nur ein kleiner Junge bemerkt, wie ein Dieb einen Mann bestiehlt, der völlig im Bann des Gauklers steht. Das Werk wurde von dem niederländischen Meister Hieronymus Bosch gemalt.

IM **DETAIL**

KRUZIFIX
Im Europa des 16. Jahrhunderts waren die Menschen sehr religiös. Sie hängten Kruzifixe an die Wände, damit Gott sie vor Krankheiten wie der Pest bewahre.

JEAN DE DINTEVILLE
Der französische Gesandte in England, Jean de Dinteville, gab dieses Gemälde in Auftrag. Er trägt einen teuren, ärmellosen pelzgefütterten Mantel.

Die Gesandten

Der deutsch-schweizerische Maler und Grafiker Hans Holbein der Jüngere war ab 1536 Hofmaler von König Heinrich VIII. in England. Als einer der erfolgreichsten Porträtmaler des 16. Jahrhunderts malte Holbein während seines zweiten Aufenthalts in England das Gemälde *Die Gesandten.* Es stellt zwei reiche Franzosen am englischen Königshof dar.

VERSTECKTE BEDEUTUNG
Holbein schuf dieses Gemälde in einer Zeit der politischen Rivalität zwischen England und Frankreich. Außerdem war die französische Kirche gespalten. Die Gegenstände, die die Männer umgeben, symbolisieren verschiedene Aspekte dieser Probleme und enthalten eine raffinierte optische Täuschung.

HIMMELSGLOBUS
Die Objekte auf dem oberen Regal sind dem Himmel gewidmet. Der Himmelsglobus zeigt die Sterne und Planeten und deutet auf ein wissenschaftliches Interesse.

GEORGES DE SELVE
De Selve war Bischof von Lavaur und ein Freund von de Dinteville. Auf dem Buch unter seinem Arm steht sein Alter: 25.

SONNENUHR
Dieses teure Instrument zeigte die Zeit anhand der geworfenen Schatten an. Nur reiche Leute besaßen polyedrische Sonnenuhren.

MANDOLINE
Die Gegenstände auf dem unteren Regal symbolisieren weltliche Sorgen. Die gerissene Saite spielt auf die Vergänglichkeit des Lebens an.

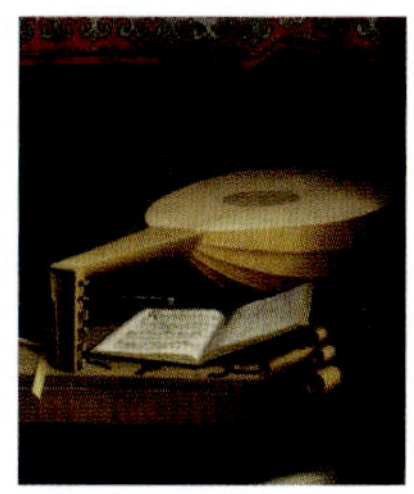

LUTHERISCHES GESANGBUCH
Das offene Gesangbuch enthält Lieder des Katholizismus und Protestantismus und will für eine Einigung der Kirchen werben.

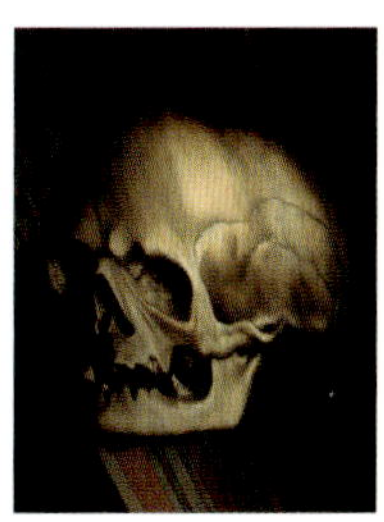

SCHÄDEL
Diese seltsame Form ist ein verzerrter Schädel als Zeichen des unausweichlichen Tods. Die richtigen Proportionen erkennt man, wenn man rechts vom Bild steht.

Manierismus

Die manieristische Malerei stilisierte Gemälde bewusst, indem Figuren überlängt, verzerrt oder überzeichnet wurden, um gestalterische und emotionale Effekte zu erzielen. Da der Stil erst im Nachhinein seinen Namen erhielt, wurden seine Vertreterinnen und Vertreter damals keiner Richtung zugeordnet.

◂ ***Madonna mit dem langen Hals***, 1534–1535, Parmigianino
Auf einem nicht zu sehenden Thron sitzt eine kostbar gekleidete, überlängte Madonna mit dem Jesuskind auf dem Schoß.

BELIEBTER STIL

Der manieristische Stil kam in Italien um 1520 auf, etwa bei den Malern Parmigianino und Bronzino. Er verbreitete sich rasch über ganz Europa nach Frankreich, Deutschland und Spanien und hielt sich bis um 1580. Dann wurde er vom Barock abgelöst.

▾ ***Bildnis eines jungen Mannes***, um 1530–1539, Bronzino
Dieser schlanke Mann, der ein Buch in der Hand hält und auf die Betrachtenden herabblickt, war wahrscheinlich einer von Bronzinos Freunden.

ELEGANTE PORTRÄTS

Um 1540 war Agnolo di Cosimo, gemeinhin als Bronzino bekannt, der führende manieristische Maler in Florenz und Hofmaler von Cosimo I. de' Medici, dem Großherzog der Toskana. Bronzino war ein bekannter Porträtist und malte viele Bilder der Familie Medici. Seine langen, schlanken Figuren sind würdevoll und elegant.

FRUCHTIGE KOMPOSITIONEN

Neben der verzerrten Darstellung der Motive bildete der Manierismus auch Verbindungen zwischen Mensch und Natur ab. Der italienische Manierist Giuseppe Arcimboldo trieb das auf die Spitze, indem er Porträts malte, die ausschließlich aus Objekten wie Obst, Büchern, Gemüse oder Blumen bestanden. In der Renaissance waren Bilderrätsel sehr beliebt, und Arcimboldos raffinierte Kompositionen wurden weithin bewundert.

El Grecos extremer Stil machte ihn zu Lebzeiten unpopulär. Im 20. Jahrhundert erfuhr sein Werk neue Anerkennung.

▲ ***Vertumnus***, 1590–1591, Giuseppe Arcimboldo
Dieses Porträt stellt Kaiser Rudolf II. des Heiligen Römischen Reichs als Vertumnus, den römischen Gott der Jahreszeiten, dar.

MALEREI

„DER GRIECHE"

Domenikos Theotokopoulos, allgemein bekannt unter seinem Beinamen El Greco (spanisch für „der Grieche"), wurde auf Kreta geboren, das zu jener Zeit unter venezianischer Herrschaft stand. Er wurde in Venedig ausgebildet, wo er seinen intensiven, verzerrten und farbenprächtigen manieristischen Stil entwickelte. Später zog er nach Spanien, wo er für den Rest seines Lebens wohnte und arbeitete.

◂ ***Blick auf Toledo***, 1596–1600, El Greco
Dramatisch und stimmungsvoll ist diese Ansicht der Stadt, in der El Greco die meiste Zeit seines Lebens wohnte und arbeitete.

Barock und Rokoko

Ab dem 16. Jahrhundert trat die katholische Kirche gegen die protestantische Reformation mit einem Kunststil an, der die Menschen für den Katholizismus einnehmen sollte. Der neue Stil war voller Emotionen, Bewegung und Dramatik und wurde Barock genannt. Anfang des 18. Jahrhunderts hatte sich daraus in Frankreich eine verspieltere Variante entwickelt, die als Rokoko bezeichnet wurde.

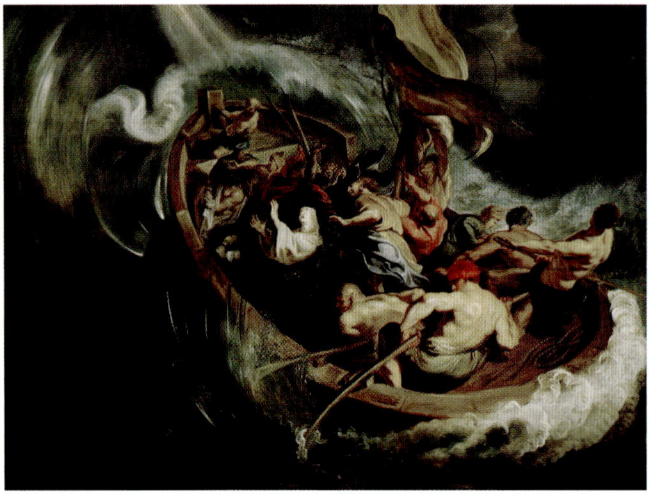

◂ ***Das Wunder der hl. Walburga***, 1610, Peter Paul Rubens
Die heilige Walburga schützt die Seeleute vor Stürmen. Dieser flämische Künstler malte eines ihrer Wunder in einem dynamischen Barockstil.

GESCHICHTEN ERZÄHLEN

Da die meisten Menschen im 16. und 17. Jahrhundert nicht lesen konnten, versuchte die Kirche, religiöse Geschichten durch Kunst zu vermitteln. Barocke Gemälde bebilderten solche Erzählungen, die hauptsächlich aus der Bibel stammten, mit kräftigen Farben, tonalen Kontrasten und dramatischen Kompositionen.

Pablo Picasso schuf 58 Gemälde auf der Grundlage von *Las Meninas*, wobei er mit dem Bildaufbau spielte und die Figuren neu anordnete.

▾ ***Las Meninas***, 1656, Diego Velázquez
Das ist ein Porträt der Infantin von Spanien mit ihrer Dienerschaft. Der König und die Königin sind im Spiegel zu sehen, während Velázquez selbst beim Malen abgebildet ist.

HEISS BEGEHRT

Der Barockstil bildete sich in Italien heraus, verbreitete sich aber rasch in allen Teilen Europas. Zu den größten Barockmalern gehören Caravaggio in Italien, Rembrandt in den Niederlanden und Diego Velázquez in Spanien. Ihre Dienste waren sowohl in der Kirche als auch beim Adel sehr gefragt.

▲ ***Einschiffung nach Kythera***, 1717, Jean-Antoine Watteau
Dieser Rokokokünstler porträtierte hauptsächlich Menschen der Oberschicht, die Feste und Picknicks im Freien genießen. Er nannte diese Bilder „Fêtes galantes".

STEINE UND MUSCHELN

Das Rokoko entstand um 1715 in Paris. Im Gegensatz zum dramatischen Barock zeichnete es sich durch natürliche Muster, sanfte Farben und geschwungene Linien aus. Der Name leitet sich vom französischen Wort *Rocaille* ab, was so viel wie „Steine und Muscheln" bedeutet, da der Stil eine Vorliebe für muschelartige Rundungen aufwies. François Boucher, Jean-Antoine Watteau und Jean-Honoré Fragonard waren bedeutende französische Rokokomaler.

HEITER UND ANMUTIG

Während in der Barockmalerei spektakuläre Licht- und Schatteneffekte, ausdrucksstarke Pinselstriche und dick aufgetragene Farben im Vordergrund standen, basierten die Gemälde des Rokoko auf zarten, hellen Farben und weichen Hell-Dunkel-Kontrasten. Sie waren heiter und anmutig und stellten oft wohlhabende Menschen dar, die sich vergnügten oder entspannten. Zu den Themen des Rokoko gehörten Fantasielandschaften, schmeichelhafte Porträts oder Liebe und Romantik.

▸ ***Lesendes Mädchen***, 1776, Jean-Honoré Fragonard
Reich, privilegiert und in teuren Kleidern entspannt sich diese junge Dame und hält anmutig ein Buch in der Hand.

Caravaggio

Caravaggio-Radierung, posthum entstanden

Der Italiener Caravaggio wurde früh zur Waise und war einer der revolutionärsten Künstler seiner Zeit. Er wandte sich von traditionellen, akzeptierten Ausdrucksformen ab und malte äußerst realistisch. Er versuchte nicht, Figuren oder religiöse Ereignisse zu idealisieren, sondern gestaltete sie so lebensnah wie möglich in einer expressiven Malweise, bei der er dunkle Schatten neben lebendig beleuchtete Figuren setzte.

◂ ***Jüngling, von einer Eidechse gebissen***, 1593–1594
Eine im Obst versteckte Eidechse hat den Jungen gerade gebissen. Das symbolisiert den Schmerz, den die Liebe verursachen kann.

BESCHEIDENE MODELLE

Als Modell dienten Caravaggio arme Leute und manchmal sogar er selbst, was zahlreiche Menschen verstörte, für die religiöse Figuren edel und vollkommen wirken mussten. Auch mit seinem aufbrausenden Temperament eckte er an. 1606 tötete er im Streit einen Mann und floh aus Rom. Später wurde er zwar für den Mord begnadigt, aber dass er die Armen als Heilige darstellte, wurde ihm nie verziehen.

KRÄFTIGES LICHT

Caravaggios dramatische Malweise umfasste extrem dunkle Schatten und kleine, meist von einer einzigen Lichtquelle hell erleuchtete Flächen. Das wird als Tenebrismus bezeichnet. Er verwendete auch eine ähnliche, etwas weniger expressive Technik namens Chiaroscuro mit starken Tonwertkontrasten, die seine Gemälde sehr plastisch erscheinen lassen.

LEBENSDATEN

1571–1576	1577–1588	1592	1594–1596
Michelangelo Merisi da Caravaggio wird in Mailand geboren. 1576 zieht seine Familie auf der Flucht vor der Pest in die Stadt Caravaggio.	Als Caravaggio sechs Jahre alt ist, stirbt sein Vater, fünf Jahre darauf auch seine Mutter. Vier Jahre geht er bei dem Künstler Simone Peterzano in Mailand in die Lehre.	Nach einer Prügelei flieht Caravaggio aus Mailand. In Rom kommt er mittellos an, kann aber bald mit Stillleben- und Figurenmalerei Geld verdienen.	Kardinal Francesco del Monte nimmt Caravaggio in seine Dienste. Er wohnt in dessen Palast, erhält einen Lohn und bekommt alle Materialien zur Verfügung gestellt.

Die Figuren tragen die übliche Kleidung der damaligen Zeit. Die Modelle für das Gemälde waren gewöhnliche Menschen, und Caravaggio verleiht ihnen feine, wirklichkeitsnahe Züge.

▲ ***Die Berufung des hl. Matthäus***, 1599–1600
Dieses ausdrucksstark beleuchtete Werk begründete Caravaggios Karriere. Bevor er Apostel wurde, war Matthäus Zöllner. Als er sein Geld zählt, erscheint Jesus mit Petrus und fordert ihn auf, ihm zu folgen.

1597–1601	1602–1607	1608–1609	1610
Caravaggio malt Bilder des Apostels Matthäus für eine Kirche in Rom. Sie stoßen auf Entsetzen, machen ihn aber berühmt.	Caravaggio wird wegen einer Schlägerei inhaftiert. Nach der Entlassung tötet er einen Mann beim Ballspiel, flieht nach Neapel, Malta und arbeitet für mächtige Mäzene.	Nach einer erneuten Rauferei kommt Caravaggio 1608 ins Gefängnis, flieht nach Sizilien und Neapel, wo er bei einem Kampf in einer Taverne verwundet wird.	Als er erfährt, dass er begnadigt werden soll, segelt Caravaggio nach Rom, stirbt aber auf der Reise. Manche glauben, dass er vergiftet wurde.

Barocker Glanz

Die Gemälde des Barocks, die die Pracht und den Realismus der Renaissancekunst mit den dynamischen Posen des Manierismus verbinden, sind dramatisch, emotional und energisch und sollten die Menschen beeindrucken, die sie in Kirchen oder Palästen sahen. Auch die Barockmalerei umfasste glanzvolle Porträts für die Oberschicht und den wachsenden Kaufmannsstand.

Der lachende Kavalier

Porträt zur Feier einer Verlobung

- **Künstler** Frans Hals
- **Entstehungsjahr** 1624
- **Technik** Öl auf Leinwand

In Wirklichkeit hat dieser 26-jährige, augenzwinkernde Mann weder gelacht noch war er ein Kavalier, sondern der Tuchhändler Tieleman Roosterman. Das bestickte Seidenwams, der Spitzenkragen und die Manschetten zeigen, dass er reich und modebewusst war. Die Stickereien auf seinem Wams aus flammenden Fackeln, Liebesknoten und Bienen sind Symbole für Liebe und Romantik. Daher handelt es sich vermutlich um ein Verlobungsporträt.

Die Metzgerei

Grausige, religiöse Allegorie

- **Künstler** Annibale Carracci
- **Entstehungszeit** Anfang der 1580er-Jahre
- **Technik** Öl auf Leinwand

Obwohl dieses Bild eine Alltagsszene zu sein scheint, symbolisiert es das religiöse Thema der Versuchung. Wie auf einer Bühne sind die Figuren und Objekte den Betrachtenden zugewandt und offenbaren die schaurigen Details des Schlachtens. Der italienische Künstler malte nach direkter Beobachtung, damit seine Werke noch realistischer wirken. Licht- und Schatteneinsatz verstärken das Gefühl, dass es sich um eine reale Szene handelt.

Allegorie der Malerei

Werk einer Italienerin am englischen Hof

- **Künstlerin** Artemisia Gentileschi
- **Entstehungszeit** um 1638–1639
- **Technik** Öl auf Leinwand

1638 besuchte die Italienerin auf Einladung von König Karl I. London. Wahrscheinlich malte sie dieses Selbstporträt während dieser Zeit. Sie hält einen Pinsel in der einen und eine Palette in der anderen Hand und porträtiert sich beim Malen. In einer Zeit, in der Frauen höherer Stände nur selten eine Arbeit hatten, war die berufstätige Malerin ungewöhnlich.

Die Anbetung der Hirten

Dramatisches Licht im Stil von Caravaggio

- **Künstler** Guido Reni
- **Entstehungsjahr** 1640
- **Technik** Öl auf Leinwand

In dieser strahlenden Krippenszene ist das Jesuskind die Quelle des Lichts und erleuchtet das Gesicht jeder Figur, die es ansieht. Der italienische Maler Reni war zu seinen Lebzeiten sehr gefragt für Werke, die biblische oder mythologische Szenen darstellten. Sein dramatischer Einsatz von Licht lässt deutlich den Einfluss von Caravaggio erkennen.

Zugefrorene Themse

Frostige Szene eines niederländischen Künstlers, der in London arbeitete

- **Künstler** Abraham Hondius
- **Entstehungsjahr** 1677
- **Technik** Öl auf Leinwand

Hondius war ein Maler des Goldenen Zeitalters in den Niederlanden, dessen ausdrucksstarke Werke vom Barockstil beeinflusst waren. Er wurde im niederländischen Rotterdam geboren und zog 1666 nach London, wo er den Rest seines Lebens verbrachte. Damals fror die Themse jeden Winter zu, und auf ihr wurden fröhliche Volksfeste abgehalten.

▾ **Gefährlicher Spaß**
Am Rand der Themse in London vor dem Hintergrund der alten London Bridge laufen Menschen Schlittschuh, schlittern über das Eis oder schießen sogar.

Las Hilanderas

Das Gemälde „Die Spinnerinnen“ wurde zwischen 1655 und 1660 von dem spanischen Künstler Diego Velázquez gemalt. Es bebildert eine griechische Sage über einen Wettstreit im Weben zwischen der Sterblichen Arachne und Athene, der Göttin der Weisheit, des Kriegs und des Handwerks.

MALWEISE
Um zusätzliche Lebendigkeit zu erzeugen, trug Velázquez zuerst Orange und dann die endgültigen Farben darüber auf. Er begann mit dünner Farbe und überzog diese Schicht mit einer dickeren Farbe, um Oberflächenstrukturen zu schaffen.

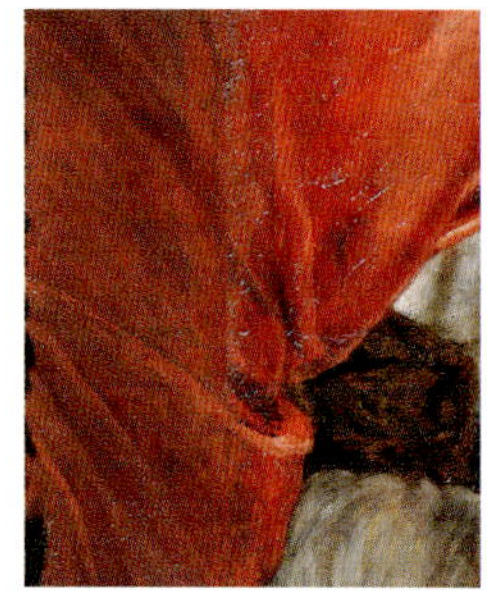

VERKLEIDETE GÖTTIN
Velázquez porträtierte eine zeitgenössische Gobelinwerkstatt, in der die Spinnerinnen so arbeiten, wie sie es zur Entstehungszeit des Bilds getan hätten. Diese Frau mit dem weißen Schal um den Kopf ist die verkleidete Athene. Sie hört Arachne zu, die damit prahlt, geschickter im Weben zu sein als Athene.

DER WETTSTREIT

Die Sage berichtet, wie Athene Arachne zu einem Wettstreit um den besten Bildteppich herausfordert. Die Verliererin darf danach nie wieder weben. Athenes Werk zeigt, was mit denen geschieht, die sich den Gottheiten widersetzen, während Arachnes Arbeit Geschichten über den Göttervater Zeus erzählt. Obwohl Arachnes Gobelin wunderschön ist, beleidigt er Zeus, und sie verliert.

ERDFARBEN
Velázquez setzte eine begrenzte Palette von Erdfarben ein. Für das Grundrot verwendete er ein Pigment namens gebrannte Siena, für das Gelb ein gelbes Ockerpigment. Außerdem malte er mit Orangerot und Französisch Ultramarin, einem tief leuchtenden Blau.

DER WANDTEPPICH
Velázquez stellte einen weiteren Abschnitt der Sage im Hintergrund dar. Die Figuren sind nach der Mode des 17. Jahrhunderts gekleidet. Athene trägt ihren Kriegshelm, während sie mit Arachne streitet, deren Gobelin sie verärgert hat.

KEIN HAPPY END
Arachne bei der Arbeit. Doch nach dem Wettstreit zerreißt Athene Arachnes Bildteppich, zerstört ihren Webstuhl und schlägt sie. Arachne will sich erhängen, aber Athene verwandelt sie in eine Spinne und verdammt sie und ihre Nachkommen dazu, auf ewig zu weben.

Verspieltes Rokoko

Der dekorative Rokokostil, der sich von den üppigen Barockmalereien, wie sie unter Ludwig XIV. typisch waren, abhob, erlebte 1715 eine erste Blüte in Frankreich zu Beginn der Herrschaft Ludwigs XV. Die Gemälde des Rokoko waren weniger ernst und dramatisch als die des Barocks und in der Regel deutlich kleiner.

Das Liebesfest

Bild von Paaren auf einer Wiese

- **Künstler** Jean-Antoine Watteau
- **Entstehungszeit** 1718–1719
- **Technik** Öl auf Leinwand

Dieser französische Künstler entwickelte einen eigenen Rokokostil, die sogenannten „Fêtes galantes“ oder „eleganten Feste“. Dabei handelt es sich um Szenen wie diese, die in sanften Farben modisch gekleidete Menschen bei einem Landausflug abbildet. Hier hält eine Gruppe wohlhabender junger Leute im Grünen ein romantisches Picknick ab.

Madame de Pompadour

Die einflussreiche Mätresse des Königs

- **Künstler** François Boucher
- **Entstehungsjahr** 1759
- **Technik** Öl auf Leinwand

Die intelligente, einflussreiche Madame de Pompadour war die Mätresse von Ludwig XV. und verhalf dem Rokoko zum Durchbruch. Sie ließ sich von den größten Künstlern jener Zeit porträtieren, um so ihre Stärke und Macht zu demonstrieren. Als sie für dieses Porträt Modell saß, war sie eine der wichtigsten politischen Beraterinnen des Königs. Sie beauftragte Boucher auch mit anderen Rokokogemälden.

Die Schaukel

Ein verspieltes, aber brisantes Bild

- **Künstler** Jean-Honoré Fragonard
- **Entstehungsjahr** 1767
- **Technik** Öl auf Leinwand

Beeinflusst von Watteau und Boucher war Fragonard ein produktiver französischer Rokokomaler. In einem flüssigen, leichten Stil malte er lebhafte Figuren, oft in Gärten. Das ist sein berühmtestes Gemälde, das eine junge Dame auf einer Schaukel zeigt. Sie wird von einem Mann angeschoben, der mit ausgestreckten Armen hinter ihr steht. Ein anderer Mann liegt vor ihr und bewundert ihre Beine, ein schockierender Anblick in jenen Tagen, als die Beine der Frauen gewöhnlich unter langen Röcken versteckt waren.

Lady Smith und ihre Kinder

Ein weicher, geschwungener, englischer Rokokostil

- **Künstler** Sir Joshua Reynolds
- **Entstehungsjahr** 1787
- **Technik** Öl auf Leinwand

Das Rokoko verbreitete sich in ganz Europa. In England vertraten Joshua Reynolds und Thomas Gainsborough einen zarten Rokokostil und malten sanfte, schmeichelhafte Porträts mit lockeren Pinselstrichen und geschwungenen Formen, wie hier zu sehen. Das ist das Bildnis von Charlotte, der Frau eines Parlamentsmitglieds, sowie ihrer Kinder George Henry, Louisa und Charlotte.

▸ **Maskentheater**
Diese beiden Schauspieler sind als Pulcinella verkleidet, eine beliebte Figur des italienischen Volkstheaters.

Die Gaukler

Detail einer lebhaften, imaginären Szene

- **Künstler** Giovanni Domenico Tiepolo
- **Entstehungsjahr** 1793
- **Technik** Fresko

Das ist ein kleiner Ausschnitt aus einem Fresko des italienischen Künstlers Tiepolo, das Akrobaten und Schauspieler porträtiert, die eine Menge unterhalten. Tiepolo war für seine Theaterszenen bekannt, in denen oft die Figur des Pulcinella auftaucht, der sich über die Machthabenden lustig macht.

Goldenes Zeitalter

Im 17. Jahrhundert wurden in den Niederlanden große Fortschritte in Handel, Wissenschaft und Kunst erzielt. Die niederländische Malerei entwickelte neue Techniken und Stile und wandte sich zunehmend einfachen Menschen und Alltagsszenen zu, anstatt religiöse Werke zu schaffen. Diese Zeit ist als Goldenes Zeitalter der Niederlande bekannt geworden.

Als ausländische Waren in die Niederlande gelangten, kam eine Art von Stillleben auf, die Tische voller exotischer Speisen abbildeten.

◂ ***Das Konzert***, 1623, Gerrit van Honthorst
Der für seinen Umgang mit Licht bekannte Maler folgte den Ideen Caravaggios.

STÄDTE UND STILE

In den Städten bildeten sich unterschiedliche Stile, Besonderheiten und Motive heraus. Mit seinem enormen Handelsreichtum war Amsterdam das größte künstlerische Zentrum der Niederlande, und Porträts waren dort sehr gefragt. In Utrecht bediente sich eine Künstlergruppe nach dem Vorbild des italienischen Malers Caravaggio der Hell-Dunkel-Malerei, während sich in Antwerpen ein neuer, kunstvoller Stil des Stilllebens entwickelte.

UNRUHIGE ZEITEN

Im 17. Jahrhundert spalteten religiöse und politische Unruhen die Region in zwei Nationen. Flandern (heute Teil Belgiens) blieb katholisch, während die Niederlande eine protestantische Republik wurden. Das unten abgebildete Gemälde von Aelbert Cuyp zeigt niederländische Soldaten, die sich zum Kampf für die Unabhängigkeit von Spanien versammeln.

▾ ***Die Maas bei Dordrecht***, um 1650, Aelbert Cuyp
1646 versammelten sich 30 000 niederländische Soldaten in Cuyps Heimatstadt Dordrecht, um Spanien ihre Macht zu demonstrieren.

KLEINFORMATIGE BILDER

Da der Protestantismus religiöse Bilder aus den Kirchen verbannte, musste die Kunst in den Niederlanden andere Kunstformen für eine neue Käuferschicht erschaffen. Dazu gehörten reiche Kaufleute, die durch den Handel zu Wohlstand gekommen waren. Häufig gaben sie kleine Gemälde für ihre Häuser in Auftrag.

KUNST MIT BOTSCHAFT

Viele niederländische Malerinnen und Maler porträtierten Alltagsszenen, ein Stil, der als Genremalerei bezeichnet wird. Oft illustrierten sie niederländische Sprichwörter oder Redensarten. Der Genremaler Jan Steen bildete Betrunkene in einer heruntergekommenen häuslichen Umgebung ab. Seine Werke sind spielerisch und humorvoll, warnen aber auch vor den Gefahren des übermäßigen Alkoholkonsums.

▲ ***Die verkehrte Welt***, um 1663, Jan Steen
Diese verworrene Szene ist voller versteckter Bedeutungen und Symbole. So ist die Ente auf der Schulter eines Mannes ein Zeichen für seine Dummheit.

▲ ***Hof mit zwei Offizieren und trinkender Frau***, 1658–1660, Pieter de Hooch
Dieses kleine Gemälde ist ein typisches Genrebild. Eine Frau trinkt aus einem Glas, zwei Männer rauchen Tonpfeifen und ein kleines Mädchen trägt einen Topf.

Jan Vermeer

Mögliches Selbstbildnis von Vermeer

Im Goldenen Zeitalter der Niederlande gab es viele hochtalentierte Kunstschaffende, aber die beiden berühmtesten Maler sind Rembrandt und Jan oder Johannes Vermeer. Vermeers Werke sind unglaublich lebensnah und stellen oft bürgerliche Räume detailgetreu und mit klarem, stimmungsvollem Licht dar. Die meisten seiner Gemälde schuf er im eigenen Haus.

▲ ***Die Küchenmagd mit dem Milchkrug***, 1658
Es wird angenommen, dass Vermeer eine sogenannte Camera obscura benutzte, ein Instrument, um seine Motive genau zu studieren und die hier zu sehenden Details wiederzugeben.

PERFEKTIONIST

Vermeer verbrachte sein ganzes Leben in der Stadt Delft, wo er sowohl als Künstler als auch als Kunsthändler tätig war. Er war außergewöhnlich begabt, aber auch ein Perfektionist, der extrem langsam arbeitete. Als er im Alter von 43 Jahren starb, hinterließ er elf Kinder und nur 35 vollendete Gemälde. Vermeers Pinselstriche sind fast unsichtbar, und er erfasste selbst die kleinsten Details, ob bei schwachem oder hellem Licht. Dafür wurde er viel bewundert.

▸ ***Mädchen mit dem Perlenohrring***, 1665
Im Mittelpunkt dieses Bilds steht ein glitzernder Perlenohrring. Weiße Farbtupfer fangen Lichtpunkte ein, die auf verschiedene Bereiche fallen, wie zum Beispiel auf die Kopfbedeckung des Mädchens.

DETAILVERLIEBT

Vermeer malte direkt, was er sah, und setzte akribisch kleine Pinselstriche, um Details exakt abzubilden. Er wendete die Renaissancetechnik der Hell-Dunkel-Malerei an, um Kontraste zwischen Licht und Schatten zu erzeugen, und kaufte einige der teuersten Pigmente, um genau den richtigen Effekt zu erzielen.

LEBENSDATEN

1632	1650–1652	1653	1654–1658
Jan Vermeer wird in Delft in den Niederlanden geboren. Sein Vater ist Kunsthändler. Sonst ist über seine Kindheit wenig bekannt.	Es ist nicht klar, wer Vermeer ausbildete. Es könnten die niederländischen Maler Carel Fabritius oder Abraham Bloemaert gewesen sein oder er war Autodidakt.	Vermeer gelingt die Aufnahme in die renommierte Lukasgilde der Maler. Er heiratet Catharina Bolenes und tritt zum katholischen Glauben über.	Der Kunsthändler Pieter van Ruijven beginnt, Gemälde Vermeers zu kaufen. 1657–1658 entstehen zwei Gemälde, *Straße in Delft* und *Die Küchenmagd mit dem Milchkrug*.

MALEREI

1659–1664	1665	1666–1672	1673–1675
Vermeer und seine Familie leben im Haus seiner Schwiegermutter Maria Thins. 1662 wird er zum Vorsitzenden der Lukasgilde ernannt.	Er malt *Mädchen mit dem Perlenohrring.* Van Ruijven und seine Frau vermachen ihm Geld, was auf ihre enge Freundschaft und Anerkennung Vermeers schließen lässt.	Vermeer erschafft *Die Malkunst, Der Astronom* und *Der Geograph.* Die Niederlande befinden sich im Krieg mit Frankreich und England und leiden unter Geldmangel.	Infolge der Wirtschaftskrise kann Vermeer seine Kunst nicht verkaufen und verarmt. Im Dezember 1675 stirbt er nach einer kurzen Krankheit.

Alltagsszenen

Die Kunst des Goldenen Zeitalters in den Niederlanden wandte viele der Techniken des Barocks an, um dramatische Effekte zu erzielen. Doch während die Gemälde des Barocks ausdrucksstark und erhaben waren, zog es die niederländische Malerei vor, Alltagsszenen darzustellen. Das wird als Genremalerei bezeichnet. In jener Zeit entstanden in den Niederlanden auch die ersten Landschaftsgemälde der europäischen Kunst.

Schlittschuhläufer in einem Dorf

Alltagsszene in einer Winterlandschaft

- **Künstler** Hendrick Avercamp
- **Entstehungsjahr** 1610
- **Technik** Öl auf Holz

Hendrick Avercamp wurde in Amsterdam geboren. Er war einer der ersten niederländischen Landschaftsmaler des 17. Jahrhunderts. Er spezialisierte sich auf Winterszenen wie diese. Menschen laufen auf einem zugefrorenen Fluss Schlittschuh, fahren Schlitten und vergnügen sich. Einige sind eingebrochen. Ein Mann spielt mit einem Stock eine Art Eisgolf.

Die Serenade

Werk von einer der seltenen Malerinnen jener Zeit

- **Künstlerin** Judith Leyster
- **Entstehungsjahr** 1629
- **Technik** Öl auf Holz

Entgegen der Konventionen ihrer Zeit arbeitete Leyster auch nach ihrer Heirat für ihren Lebensunterhalt. Sie malte Genrebilder, Porträts und Stillleben. Der singende Lautenspieler ist in Hell-Dunkel, in Untersicht und mit einer Lichtquelle links vom Bild gemalt. Mit kleinen Pinselstrichen bildete Leyster die feinen Details seiner farbenfrohen Kleidung ab.

Allegorie der Vergänglichkeit des menschlichen Lebens

Stillleben mit Botschaft

- **Künstler** Harmen Steenwyck
- **Entstehungszeit** um 1640
- **Technik** Öl auf Eichenholz

Steenwyck arbeitete in Delft und wurde zum führenden Maler von Vanitasmotiven, die auf die Vergänglichkeit des Lebens und irdischen Glücks verweisen. Die Bücher stehen für Wissen, die Musikinstrumente für weltliche Freuden und die Muschel für Reichtum, während der Schädel die Betrachtenden an die Unausweichlichkeit des Tods erinnert.

Der alte Trinker

Kleines, aber detailreiches Werk

- **Künstler** Gabriël Metsu
- **Entstehungszeit** um 1661–1663
- **Technik** Öl auf Holz

Dieser Leidener Maler spezialisierte sich auf Genreszenen. Die Anzahl der konsumierten Getränke ist auf der Schiefertafel hinter dem alten Mann vermerkt. Wie viele niederländische Kunstschaffende jener Zeit malte Metsu auf Holz anstatt Leinwand. Das ermöglichte Genauigkeit auch bei kleinen Werken wie diesem mit einer Abmessung von 22 × 20 cm.

▼ **Nach Skizzen malen**
Avercamp malte diese Szene in seinem Atelier anhand von Skizzen, die er zuvor angefertigt hatte.

Strand bei Egmond-aan-Zee

Revolutionärer Stil der Landschaftsmalerei

- **Künstler** Jacob van Ruisdael
- **Entstehungszeit** um 1675
- **Technik** Öl auf Leinwand

Die Landschaft war ein neues Genre, das in den Niederlanden aufkam und spätere Kunstströmungen prägte. Nie zuvor stand in der europäischen Kunst die Landschaft im Zentrum eines Gemäldes. Dieses Werk eines der berühmtesten Landschaftsmaler jener Zeit befasst sich mit den Naturgewalten und Aspekten wie Meer, Himmel, Wetter und Licht.

Rembrandt

Selbstbildnis im Alter von 55 Jahren

Rembrandt van Rijn wird von vielen als der größte niederländische Maler aller Zeiten angesehen. Seine Werke waren innovativ und ausdrucksstark. Der im niederländischen Leiden geborene Maler wurde bereits im Alter von 19 Jahren berühmt. Seine Werke umfassen ein breites Spektrum an Motiven, darunter Selbstporträts, biblische Szenen und Landschaften.

▲ ***Der blinde Fiedler***, 1631
Das ist eine Kaltnadelradierung, eine Druckform, bei der eine Zeichnung mit einer Nadel in eine Metallplatte geritzt wird.

PERSÖNLICHKEIT UND GEFÜHLE

Mit 25 Jahren zog Rembrandt nach Amsterdam, wo sich seine Begabung schnell herumsprach. Schon bald erhielt er Aufträge von Adel und Königshaus. Im Lauf seines Lebens malte er zudem mehr als 40 Selbstbildnisse. In all seinen Werken einschließlich der Radierungen verwendet er starke Hell-Dunkel-Kontraste in der Manier des Chiaroscuro, um die Persönlichkeit und Emotionen der Porträtierten hervorzuheben.

SCHICKSALSSCHLAG

Über 20 Jahre war Rembrandt der führende Porträtmaler der reichsten Familien in Amsterdam, der damals wohlhabendsten Stadt Europas. Im Jahr 1642, als er sein bekanntestes Werk, *Die Nachtwache*, vollendete, starb seine junge Frau. Aus Trauer und Einsamkeit wurden seine Gemälde dunkler und skizzenhafter mit dickerer Farbe und Pinselstrichen, wodurch sein Spätwerk erstaunlich modern anmutet.

LEBENSDATEN

1606–1623	1624–1630	1631–1634	1635–1639
Rembrandt wird im niederländischen Leiden geboren. Mit 13 schreibt er sich an der Universität ein, wird aber dann zum Maler ausgebildet.	1624–1625 absolviert Rembrandt eine sechsmonatige Lehrzeit bei Künstlern in Amsterdam. Mit 19 Jahren teilt er sich ein Atelier mit dem Maler Jan Lievens.	Rembrandt zieht nach Amsterdam, wo er sehr gefragt ist. Im Jahr 1634 heiratet er Saskia van Uylenburgh.	Rembrandt malt mythologische und religiöse Bilder sowie Porträts. Weil er durch seinen Erfolg reich geworden ist, ziehen er und Saskia in ein großes Haus in einer feinen Gegend.

Das Mädchen mit dem goldenen Kleid soll der Bürgerwehr Glück bringen.

▲ ***Die Nachtwache***, 1642
Ein Hauptmann und ein Leutnant führen ihre Männer in einem zwanglosen Gruppenbildnis an, das stark von Bewegung geprägt ist.

1642	1646–1655	1656	1658–1669
Saskia stirbt, hinterlässt den kleinen Titus und ein Testament, wonach Rembrandt nicht wieder heiraten darf. Er malt die *Nachtwache*.	Rembrandt stellt Hendrickje Stoffels als Haushälterin ein. Sie wird seine Geliebte und sein Modell und posiert für Werke wie *Bathseba im Bade* (1654).	Da Rembrandt und Hendrickje unverheiratet sind, meidet man sie. Seine Arbeit gerät aus der Mode. Er gibt unüberlegt Geld aus und wird für bankrott erklärt.	Rembrandts Probleme gehen weiter. Sein Haus wird verkauft. 1663 stirbt Hendrickje. 1669 stirbt er selbst mit 63 Jahren. Er wird in einem Armengrab beigesetzt.

REISEANDENKEN
Ende des 16. Jahrhunderts kam es in Mode, dass reiche junge Leute auf einer Grand Tour genannten Reise London, Paris, Venedig, Florenz und Rom besuchten. Unterwegs erwarben sie Gemälde von Malern wie Canaletto, der beliebte venezianische Szenen wie diese *Regatta auf dem Canal Grande* (1740) im Bild festhielt.

Klassizismus

Ende des 18. Jahrhunderts entwickelte sich in Europa eine Kunstrichtung, die sich von der Malerei bis zur Architektur von der römischen und griechischen Antike inspirieren ließ. Der sogenannte Klassizismus bildete unter anderem Geschichten über Mut, Heroismus und Treue ab.

◂ ***Der Tanz um das goldene Kalb***, um 1634, Nicolas Poussin
Poussin, der hier eine Moralgeschichte über die Götzenanbetung aus dem Alten Testament der Bibel visualisiert, hatte über hundert Jahre später einen großen Einfluss auf die klassizistische Malerei.

INSPIRATIONSQUELLEN

Während der Barock religiöse Themen zum Ausdruck brachte, veranschaulichte der Klassizismus revolutionäres Gedankengut. Doch beide Richtungen versuchten, eine moralische Botschaft zu vermitteln. Ob nun der französische Barockkünstler Nicolas Poussin Szenen aus der Bibel bebilderte oder sich klassizistisch geprägte Kunststudierende am antiken Griechenland oder Rom orientierten, beide Strömungen ließen sich von der Vergangenheit inspirieren.

Die klassizistische Malerei verwendete glatte, verlaufende Farben, sodass die Pinselstriche nicht sichtbar waren.

▸ ***Bonaparte beim Überschreiten der Alpen am großen Sankt Bernhard***, 1801, Jacques Louis David
Napoleon ist in heroischer Pose auf seinem sich aufbäumenden Pferd dargestellt, als er und seine Armee 1800 von Frankreich aus nach Italien einmarschieren.

DER EMPIRESTIL

Der klassizistische Stil war besonders in Frankreich beliebt, wo er die Stimmung der Französischen Revolution (1789–1799) einfing. Später wurde er von Napoleon Bonaparte gefördert, der 1804–1814 und 1815 Kaiser von Frankreich war. Während seiner Herrschaft illustrierte die Kunst heroische Geschichten, die die Macht Frankreichs würdigten. Das wurde als Empirestil bekannt.

▼ ***Paris raubt Helena***, um 1784, Gavin Hamilton
Dieses Gemälde basiert auf Homers Epos Die Ilias *und zeigt Helenas Entführung während des Trojanischen Kriegs, ein beliebtes Thema in der altgriechischen und altrömischen Kunst.*

NEUE IDEALE GESUCHT

Im 18. Jahrhundert führte eine geistige Bewegung, die man als Aufklärung bezeichnete, eine neue Denkweise ein, die für Gleichheit, Freiheit und Toleranz eintrat. Diese Ideen inspirierten klassizistische Maler wie den Schotten Gavin Hamilton dazu, die von ihnen als einfach und moralisch überlegen empfundene altrömische und altgriechische Kunst wieder aufzugreifen.

▼ ***Ödipus und die Sphinx***, 1806–1827, Jean-Auguste-Dominique Ingres
Ödipus, der tragische Held der altgriechischen Mythologie, ist Gegenstand dieses klassizistischen Gemäldes aus Frankreich.

RÖMISCHER STIL

79 n. Chr. wurden die altrömischen Städte Pompeji und Herculaneum nach einem gewaltigen Vulkanausbruch unter Lava begraben. In der ersten Hälfte des 18. Jahrhunderts wurden die Städte ausgegraben und man entdeckte Kunstwerke, die unter der Vulkanasche erhalten geblieben waren. Die alten Darstellungen von Heldinnen und Helden aus der römischen Mythologie prägten den Klassizismus.

Römischer Einfluss

Weil sie sich von den in Italien wiederentdeckten Kunstwerken der Antike inspirieren lassen wollten, wurde Rom im 18. Jahrhundert zu einem beliebten Ziel für alle, die schrieben oder malten. Besonders in Frankreich galt eine Italienreise als wichtiger Teil der künstlerischen Ausbildung. Als der klassizistische Stil aufkam, waren Studienaufenthalte an der renommierten Académie de France à Rome heiß begehrt.

Die arkadischen Hirten

Leben in einer idealisierten Landschaft

- **Künstler** Nicolas Poussin
- **Entstehungsjahr** 1639
- **Technik** Öl auf Leinwand

Dieser französische Barockmaler verbrachte die meiste Zeit seiner Laufbahn in Rom und malte farbenfrohe und klassisch inspirierte Bilder. Poussins Stil und Motive prägten die spätere klassizistische Malerei in Frankreich. Hier umringen drei Hirten und eine statuenartige Frau ein großes Steingrab. Die natürliche Umgebung und ihre antike Kleidung zeigen, dass sie sich in „Arkadien" befinden – einem Hirtenidyll aus der griechischen Mythologie.

Ferdinand IV. von Neapel

Regentenbild

- **Künstler** Anton Raphael Mengs
- **Entstehungsjahr** 1760
- **Technik** Öl auf Leinwand

Mengs wurde in Deutschland geboren und war einer der ersten Maler des Klassizismus. Er war in ganz Europa gefragt, weil viele Adlige sich in seinem edlen klassizistischen Stil porträtieren lassen wollten. Hier ist Ferdinand IV. abgebildet, der dritte Sohn von König Karl III. von Spanien. Das Bild entstand kurz nach seiner Ernennung zum König von Neapel 1759, als er gerade einmal neun Jahre alt war.

Johann Joachim Winckelmann

Einflussreicher Archäologe und Kunsthistoriker

- **Künstler** Anton von Maron
- **Entstehungsjahr** 1768
- **Technik** Öl auf Leinwand

Der deutsche Schriftsteller Johann Joachim Winckelmann hatte großen Einfluss auf die klassizistische Malerei. In seinem 1764 erschienenen Buch *Geschichte der Kunst des Alterthums* erläuterte er ausführlich die Unterschiede zwischen der Kunst im Griechenland und Rom der Antike. Der österreichische Porträtmaler von Maron schuf dieses Bild kurz vor Winckelmanns Tod.

▼ Gnädiger Herrscher
Napoleon steht vor den Aufständischen, die er in der Schlacht in Ägypten besiegt hat. Das Bild sollte das französische Volk mit Stolz erfüllen.

Selbstbildnis mit Tochter

Eine Mischung aus Rokoko und Klassizismus

- **Künstlerin** Élisabeth Vigée-Lebrun
- **Entstehungsjahr** 1786
- **Technik** Öl auf Holz

Vigée-Lebrun war eine französische Malerin im ausgehenden Rokoko, die sich dem Klassizismus zuwandte. Ihre Modelle (darunter auch sie selbst auf diesem Gemälde) trugen oft Kleidung im Stil der römischen Antike. Sie war sehr erfolgreich und wurde Porträtmalerin der französischen Königin Marie-Antoinette.

Principessa Vittorina Spinola

Porträt mit Landschaft

- **Künstler** Jacques Sablet
- **Entstehungsjahr** 1792
- **Technik** Öl auf Leinwand

Der schweizerisch-französische Künstler Sablet begann seine Karriere als Historienmaler. Weil ihm die Ausbildung konkurrierender Historienmaler wie Jacques-Louis David fehlte, bekam er nur selten Aufträge. So verlegte er sich auf Porträts und Landschaften. Sein einfühlsamer Stil stieß in ganz Europa auf Bewunderung. Hier malte er eine römische Adlige, die neben einer Büste des österreichischen Feldherrn Augustus d'Arenberg steht.

Bonaparte begnadigt die Aufrührer von Kairo

Beispiel des französischen Empirestils

- **Künstler** Pierre-Narcisse Guérin
- **Entstehungsjahr** 1808
- **Technik** Öl auf Leinwand

Der französische Maler Guérin wandte eine etwas wärmere, weichere Spielart des klassizistischen Stils an. Er prägte seine Schüler Théodore Géricault und Eugène Delacroix, die ebenfalls zu Ruhm gelangten. Dieses Gemälde verherrlicht Napoleon, den damaligen Kaiser von Frankreich, und gibt wieder, wie er den besiegten Aufständischen im ägyptischen Kairo großmütig vergibt.

Der Schwur der Horatier

Der französische Künstler Jacques Louis David malte dieses Werk im Jahr 1784, fünf Jahre vor der Französischen Revolution. Ein Besuch der Ausgrabungsstätten in Herculaneum und Pompeji entfachte Davids Faszination für die römische Antike. Hier veranschaulicht er eine altrömische Geschichte über einen Krieg zwischen den Städten Rom und Alba Longa.

DIE DREI BRÜDER
Mit ausgestreckten Armen, römischen Profilen und glänzenden Helmen erklären die drei Brüder aus der Familie der Horatier, dass sie ihr Leben für Rom opfern werden. Am Ende überlebt nur ein Bruder.

PREISGEKRÖNTER MALER

1774 gewann David den Prix de Rome, einen Wettbewerb für ein Studium in Rom. Inspiriert von der Kunst und Architektur Italiens, blieb er dort vier Jahre lang. Nach dem Ende der Französischen Revolution arbeitete er für die neue Regierung und später für Kaiser Napoleon.

PUBLIUS HORATIUS
In der überlieferten Geschichte ist Publius Horatius Offizier. Hier schickt er seine Söhne in den Kampf gegen die Brüder aus der Familie der Curatier in Alba Longa. Stolz mit rotem Umhang bekleidet, hält er drei Schwerter hoch, die er dann seinen Söhnen überreicht.

DIE MUTTER
Im Schatten der Männer sitzt die Frau von Publius und Mutter der Brüder und breitet einen Umhang über ihre Enkel. Der ältere blickt staunend zu den Männern hinüber.

OHNMÄCHTIGE FRAUEN
Die Frau in Weiß mit dem blauen Turban ist Sabina, eine Schwester der Curatier-Brüder aus Alba Longa, die mit einem der Horatier-Brüder verheiratet ist. Sie stützt sich auf Camilla, eine Schwester der Horatier-Brüder, die mit einem der Curatier-Brüder verlobt ist.

Romantik

Die Romantik bildete sich Anfang des 19. Jahrhunderts heraus. Ihre Gemälde waren leidenschaftlich, emotional und verherrlichten die Vergangenheit. Sie waren von der Kraft und Schönheit der Natur inspiriert, aber auch von Rittererzählungen aus dem Mittelalter.

REAKTION AUF EINE WELT IM WANDEL

Die Romantik war auch eine Reaktion auf die industrielle Revolution, als in Fabriken die maschinelle Massenproduktion billiger Waren begann. Die Malerinnen und Maler der Romantik sehnten sich zurück nach der einfachen Zeit vor den Maschinen. Auch bewaffnete Konflikte, wie der Feldzug Napoleons auf der Iberischen Halbinsel (siehe Bild), lösten in ihnen starke Emotionen aus.

▲ ***Die Erschießung der Aufständischen***, 1814, Francisco de Goya
Dieses Bild beruht auf einer wirklichen Gräueltat, bei der spanische Aufständische von den französischen Besatzern hingerichtet wurden.

DRAMA UND ATMOSPHÄRE

Die Kunstschaffenden der Romantik brachten ihre Individualität zum Ausdruck, hatten aber auch Gemeinsamkeiten. Viele stellten die Farbbehandlung in den Vordergrund und lehnten die klassizistische Betonung von Form und Kontur ab. Mit schwungvollen, oft flüchtig und unfertig wirkenden Pinselstrichen schufen sie stimmungsvolle Bilder, die von dramatischem Licht erhellt wurden.

▸ ***Die Fanatiker von Tanger***, 1838, Eugène Delacroix
1832 wurde der Künstler in Marokko Zeuge, wie sich ein religiöser Mob auf der Straße versammelte.

SENSATIONEN MALEN

Die Kunst der Romantik bevorzugte dramatische Spannung. Die französischen Maler Théodore Géricault und Eugène Delacroix gehörten zu den bedeutendsten Vertretern dieser Strömung. Sie stellten theatralische Szenen dar, die oft Menschenmengen aus ungewöhnlichen Perspektiven zeigten.

„Romantik“ leitet sich vom altfranzösischen *romanz* ab, das erst für Texte stand, die in der Volkssprache verfasst wurden, und später „Roman“ bedeutete.

◂ ***Der Wanderer über dem Nebelmeer***, 1818, Caspar David Friedrich
Die Figur wird von hinten porträtiert, sodass wir den dramatischen Anblick, der sich ihr bietet, miterleben. Die Landschaft ist dem Elbsandsteingebirge nachempfunden, aber bildet keinen wirklich existierenden Ort ab.

SCHRECKENSVISIONEN

Einige Malende ließen sich von Träumen und Fantasien inspirieren und schufen oft albtraumhafte Bilder. Der Engländer William Blake und der in London lebende Schweizer Johann Heinrich Füssli malten verstörende Visionen, die ihrer Vorstellungskraft entsprangen.

◂ ***Der Nachtmahr***, 1781, Johann Heinrich Füssli
Während eine lang ausgestreckte Frau schläft, hockt ein seltsames Wesen auf ihr.

Motive der Romantik

Die Gemälde der Romantik zeichneten sich durch einen starken Sinn für Bewegung, Atmosphäre oder Emotionen aus. Im Gegensatz zum Klassizismus stellten die Werke der Romantik oft einfache Menschen, nicht die Herrschenden und Adligen, als heldenhaft dar. Einige Malerinnen und Maler der Romantik ließen sich von Liebesromanen oder Gedichten inspirieren.

Das Begräbnis der Atala

Emotionaler Vertreter der Frühromantik

- **Künstler** Anne-Louis Girodet
- **Entstehungsjahr** 1808
- **Technik** Öl auf Leinwand

Als Schüler von Jacques-Louis David trug Girodet mit Szenen voller leuchtender Farben zur Entstehung der Romantik bei. Wie bei David war seine Pinselführung glatt, doch seine Motive waren emotional. Dieses Bild bezieht sich auf einen Roman der französischen Romantik. Die unheimliche Beleuchtung verleiht ihm eine eindringliche Atmosphäre.

Die bekleidete Maja

Gemälde für einen Premierminister

- **Künstler** Francisco de Goya
- **Entstehungszeit** 1800–1805
- **Technik** Öl auf Leinwand

Goya malte diese liegende Frau für den spanischen Premierminister Manuel Godoy. Das ist eine Version eines früheren Werks, das dasselbe Modell in derselben Pose, aber nackt, zeigte und das Godoy in seiner Privatsammlung hatte. Die *Maja* waren junge Frauen aus der spanischen Unterschicht, denen man einen ausschweifenden Lebensstil nachsagte.

▼ **Herausfordernder Blick**
Die Maja *sieht die Betrachtenden direkt an. Damals waren die Damen in der Regel bescheiden und blickten zu Boden.*

Pferd von Sklaven gebändigt

Bild voller Bewegung und anatomischer Detailtreue

- **Künstler** Théodore Géricault
- **Entstehungszeit** um 1817
- **Technik** Öl auf Karton, auf Leinwand montiert

Während seines Romaufenthalts 1817 fertigte Géricault Skizzen eines reiterlosen Pferderennens an. Hier hindern vier Männer ein Pferd daran loszulaufen. Reiterbilder waren ein gängiges Motiv der Romantik, weil sie Tatendrang, Kraft, Natur und Rhythmus veranschaulichen. Géricault studierte Anatomie und Bewegung und malte bevorzugt spektakuläre und dramatische Szenen.

Kampf zwischen dem Giaur und Hassan

Dramatische Kampfszene, die auf einem Gedicht beruht

- **Künstler** Eugène Delacroix
- **Entstehungsjahr** 1826
- **Technik** Öl auf Leinwand

Diesem Bild liegt das Gedicht *Der Giaur* zugrunde, eine stürmische Geschichte über Liebe und Rache von Lord Byron, einem Dichter der englischen Romantik. Handlung und Emotionen werden hier durch kräftige Farben, eine lockere Pinselführung und farbige Schatten ausgedrückt. Die Kunstschaffenden der Romantik setzten in ihren fantasievollen Gemälden energische Pinselstriche und leuchtende Farben ein und waren oft nicht auf eine wirklichkeitsnahe Darstellung bedacht.

Die Frauen von Algier in ihrem Gemach

Ein ungewöhnliches Motiv für jene Zeit

- **Künstler** Eugène Delacroix
- **Entstehungsjahr** 1834
- **Technik** Öl auf Leinwand

Auf seinen Reisen durch Nordafrika ließ sich Delacroix vom Licht und der Umgebung inspirieren. Daher malte er Motive, die in Europa exotisch anmuteten, wie diese Frauen in ihrem Gemach. Ein persönliches Interieur mit gewöhnlichen Menschen war für die Kunst jener Zeit ungewöhnlich. Delacroix hebt besonders die kontrastreichen Texturen der Möbel und die leuchtenden Hauttöne hervor.

Sizilianische Vesper

Porträt eines historischen Aufstands

- **Künstler** Francesco Hayez
- **Entstehungszeit** 1845–1846
- **Technik** Öl auf Leinwand

Hayez war der führende Vertreter der Romantik in Mailand. Mit verschlungenen Posen, satten Farben und Hell-Dunkel-Kontrast ist dieses Bild seine Version der sizilianischen Vesper – einem blutigen Aufstand in Sizilien 1282 gegen die Herrschaft des französischen Königs Karl I. Er begann bei einer Versammlung zur Vesper, einem Gebet bei Sonnenuntergang.

Landschaften

Einige Kunstschaffende des 19. Jahrhunderts hielten die Schönheit und Kraft der Natur für ein würdiges Motiv der Malerei, das die Stimmung der Menschen heben kann. Das bewog sie dazu, reine Landschaften zu malen, ohne Geschichten zu erzählen. Dies bedeutete eine Abkehr von traditionellen Genres wie Historienbildern, Alltagsszenen, Stillleben oder Porträts.

Im Gegensatz zu vielen seiner künstlerisch tätigen Mitmenschen war Albert Bierstadt hauptsächlich Autodidakt.

◂ ***Landschaft in den Rocky Mountains***, 1870, Albert Bierstadt
Bierstadt wurde in Deutschland geboren, malte aber hauptsächlich dramatische Bergszenen in den Vereinigten Staaten.

NATURGEWALTEN

Die Landschaftsmalerei wurde in der Romantik (um 1800–1850) immer beliebter. Da die Vertreterinnen und Vertreter dieser Strömung starke Emotionen vermitteln wollten, bildeten sie die Landschaft oft unter einem düsteren, wolkenverhangenen Himmel ab, um so die Atmosphäre zu verstärken.

WETTERMALER

Der englische Maler John Constable wurde für seine „Six Footers“ berühmt – riesige, 1,80 Meter große Leinwände, die die Umgebung seines Hauses im englischen Dedham Vale zeigten. Er wollte wechselnde Wettereinflüsse abbilden und setzte kleine Farbtupfer ein, um ruhige Szenen zu beleben.

▸ ***Der Heuwagen***, 1821, John Constable
Dieses unaufdringliche Landschaftsgemälde beschreibt zugleich das Arbeitsleben. Das Pferdegespann im Vordergrund ist der titelgebende Heuwagen. In der Ferne arbeiten Erntehelfer auf dem Feld.

GOTTES LICHT

Der deutsche Maler der Romantik, Caspar David Friedrich, interessierte sich besonders für die Wiedergabe von Lichteffekten. Er sah seine Aufgabe als Künstler darin, die Macht der Schöpfung Gottes zum Ausdruck zu bringen, weshalb seine Landschaften einen tiefen Sinn für Spiritualität haben. Sie sind kühl und düster, aber voll starker Emotionen und Atmosphäre und beladen mit religiöser Symbolik.

◂ ***Das Eismeer***,
1823–1824, Caspar David Friedrich
Dieses Gemälde zeigt die Macht der Natur über den Menschen, während ein Schiff im Eis versinkt. Es vermittelt ein Gefühl für die Zerbrechlichkeit des Lebens.

MALEREI

TRAGBARE FARBEN

Jahrhundertelang mischten Malende ihre Farben selbst an. Sie bewahrten sie in Schweineblasen auf, die mit einer Nadel durchstochen wurden, um die Farbe herauszudrücken. Weil diese nicht wieder verschlossen werden konnten, trockneten die Farbreste ein. 1840 erfand der US-amerikanische Maler John Goffe Rand die erste faltbare Tube zur Aufbewahrung fertig gemischter Farbe. Dadurch blieb die Farbe feucht und erleichterte die Malerei im Freien.

▴ ***Die Ernte***, 1851, Charles-François Daubigny
Daubigny malte Szenen wie diese in seinem Atelier auf einem Flussboot.

Schönheit der Natur

Die Landschaftsmalerei hat in China eine lange Tradition, aber in der westlichen Kunst waren Landschaften vor dem 18. Jahrhundert kein übliches Motiv. Inspiriert von der Kunst des Goldenen Zeitalters in den Niederlanden, den Panoramamalereien des 18. Jahrhunderts und der Romantik, kamen im 19. Jahrhundert in den Vereinigten Staaten und Frankreich neue Schulen der Landschaftsmalerei auf.

Die Kornernte

Alltagsszene auf dem Land

- **Künstler** Pieter Bruegel der Ältere
- **Entstehungsjahr** 1565
- **Technik** Öl auf Holz

Das ist eines aus einer Reihe von sechs Bildern, die verschiedene Jahreszeiten wiedergeben. Zur Erntezeit im Juli und August wird reifer Weizen geerntet und gebündelt. Eine Gruppe von Bauersleuten nimmt ein Mittagspicknick im Schatten eines Birnbaums ein. Andere sind noch bei der Arbeit. Das Ungewöhnliche an diesem niederländischen Maler war, dass er das Alltagsleben einfacher Menschen darstellte.

Weiße Wolken und grüne Berge

Stimmungsvolle chinesische Landschaft

- **Künstler** Wu Li
- **Entstehungsjahr** 1668
- **Technik** Tusche und Farbe auf Seide

In China war die Landschaftsmalerei schon lange eine wichtige Kunstform. Wu Li malte diese sanften Nebelwolken, grünen Berge und knorrigen Bäume, um die Stille und Erhabenheit der Landschaft einzufangen. Er wollte keine wirkliche Szene, sondern die Gemütslage vermitteln, die Berge hervorrufen können.

Blick vom Mount Holyoke, Northhampton

Von einem Landschaftsmaler aus den USA, der von der Romantik beeinflusst wurde

- **Künstler** Thomas Cole
- **Entstehungsjahr** 1836
- **Technik** Öl auf Leinwand

Thomas Cole studierte Landschaftsmalerei in Europa, bevor er sich den Landschaften seiner Heimat USA zuwandte. Cole war eines der Mitglieder der Hudson River School. Das Bild zeigt die Ansicht eines Flusses, der wegen seiner geschwungenen Form Oxbow genannt wird. Die Sonne kommt nach einem Gewitter heraus.

▲ Sonnige Ansicht
Corot malte diese Szene in der Nähe seines Hauses außerhalb von Paris. Er konzentrierte sich darauf, die schillernden Effekte des Sonnenlichts auf verschiedenen Teilen der Landschaft einzufangen.

Ville d'Avray, l'étang, et les maisons Cabassud

Von einem Mitglied der Schule von Barbizon, einer Gruppe französischer Landschaftsmaler

- **Künstler** Jean-Baptiste-Camille Corot
- **Entstehungszeit** 1843–1850
- **Technik** Öl auf Karton, auf Leinwand montiert

In den 1840er-Jahren begann eine Reihe von Künstlern, darunter Corot, in der Umgebung des Dorfs Barbizon bei Paris zu malen. Sie setzten ihre Bilder aus lockeren Pinselstrichen und Tupfern natürlicher Farben zusammen und wurden als Schule von Barbizon bekannt.

Hetch Hetchy Valley

Beispiel des US-amerikanischen Luminismus

- **Künstler** Albert Bierstadt
- **Entstehungszeit** um 1890
- **Technik** Öl auf Leinwand

Bierstadt, der zur Hudson River School gehörte, fing die überwältigende Atmosphäre dieser kalifornischen Landschaft ein. Seine leuchtende Farbgebung lässt den Einfluss der europäischen Landschaftsmalerei der Romantik erkennen. Die Techniken, die Bierstadt zur Erzeugung des strahlenden Lichteffekts einsetzte, waren Kennzeichen eines Stils, der in den Vereinigten Staaten aufkam und Luminismus genannt wurde.

J. M. W. Turner

Selbstporträt im Alter von 24 Jahren

Joseph Mallord William Turner war ein englischer Maler der Romantik. Er verhalf der Landschaftsmalerei zu mehr Ansehen. Seine künstlerische Laufbahn begann er in frühen Jugendjahren. Er wurde berühmt für dramatische Szenen, in denen er die Atmosphäre und leuchtenden Effekte von Witterung, Farbe und Licht hervorhob.

◂ ***Schneesturm: Hannibal und sein Heer überqueren die Alpen***, 1812
In diesem Werk stellt Turner die Gefahren einer Alpenüberquerung anhand von bedrohlichen und extremen Wetterverhältnissen dar.

▴ ***Die letzte Fahrt der Temeraire***, 1839
Die Temeraire *spielte eine entscheidende Rolle in der Schlacht von Trafalgar, die 30 Jahre vor Entstehung dieses Gemäldes stattfand. Hier wirkt das Schiff im Licht der untergehenden Sonne gespenstisch.*

MALER DES LICHTS

In seiner 60 Jahre währenden Laufbahn wurde Turner zu einem der wichtigsten Landschaftsmaler des 19. Jahrhunderts. Den Beinamen „Maler des Lichts" erhielt er aufgrund seiner Fähigkeit, eine leuchtende Farbigkeit zu erreichen und mit Öl- oder Aquarellfarben stimmungsvolle Werke zu schaffen. Im Alter von gerade einmal 15 Jahren wurden seine Aquarelle erstmals von der Royal Academy in London ausgestellt. Mit 27 Jahren wurde er das jüngste Vollmitglied der Akademie.

LEBENSDATEN

1775–1787	1788–1791	1796	1802–1811
Turner wird 1775 in London geboren. 1787 werden seine Zeichnungen im Barbiersalon des Vaters gezeigt und verkauft.	Turner arbeitet für Architekten und studiert Perspektive bei dem Künstler Thomas Malton. Mit 15 Jahren ist er zum ersten Mal in der Royal Academy vertreten.	Nach mehreren Sommern, die er zeichnend und malend in England verbringt, stellt Turner sein erstes Ölgemälde *Fischer auf See* aus, das ihn berühmt macht.	1802 besucht Turner die Schweiz und Frankreich. 1807 wird er Professor an der Royal Academy.

Ein kleiner schwarzer Schlepper zieht das einst große Kriegsschiff zur Abwrackung die Londoner Themse hinab.

MALEREI

STILWANDEL

Inspiriert von der Malerei des Goldenen Zeitalters der Niederlande, machte sich Turner schon früh einen Namen mit einer Reihe detaillierter Landschaften, Seestücke und Architekturbilder in Öl und Aquarell sowie Vorzeichnungen für Kupferstiche. Mit zunehmendem Alter änderte sich sein Stil. Sein Spätwerk umfasst ausladende, ausdrucksstarke, fast abstrakte Gemälde, die heute am bekanntesten sind.

1812–1818	1816–1822	1823–1836	1851
Turner konzentriert sich auf Lichteffekte. Seine Malerei wird atmosphärischer. Er setzt die Naturgewalten als dramatisches Stilmittel ein.	Nach dem Ende der Koalitionskriege herrscht Frieden in Europa. Turner reist wieder ins Ausland und besucht Italien (u. a. Rom, Neapel und Venedig) sowie Schottland.	Der britische König bittet Turner, die Schlacht von Trafalgar zu verewigen. Er malt regelmäßig in Petworth im englischen Sussex, bevor er erneut Europa bereist.	Turner stirbt im Dezember 1851. Seine letzten Worte sind „Die Sonne ist Gott". In seinem Testament hinterlässt er dem britischen Volk mehr als 19 000 Werke.

Realismus

Der Realismus entstand im 19. Jahrhundert in Frankreich und war eine Kunstströmung, die das Leben der arbeitenden Bevölkerung wirklichkeitsnah abbilden wollte. Wissenschaftliche Fortschritte in Gebieten wie der Fotografie und die Erfindung von Fertigfarben und tragbaren Staffeleien verschafften den Malenden größere Bewegungsfreiheit.

▼ ***Die Steinklopfer***, 1849, Gustave Courbet
Das Bild porträtiert zwei arme Arbeiter, die Steine für den Bau einer neuen Straße gewinnen.

GEWÖHNLICHE MENSCHEN

Der Realismus bildete sich Ende der 1840er-Jahre heraus, als sich eine Gruppe von Künstlern und Literaten in einem Pariser Café traf. Dort diskutierten sie über Politik und soziale Fragen sowie über Schriftstellerei und Kunst und entwickelten neue Vorstellungen von Authentizität. Sie wollten alles so malen, wie sie es vorfanden, und das Leben gewöhnlicher Menschen festhalten.

DIE MODERNE WELT MALEN

Zwar gab es seit der Renaissance realistische Gemälde, doch deren Motive waren oft weit vom Alltagsleben entfernt. Die Malerei des Realismus hielt die Auswirkungen der industriellen Revolution (um 1760–1840) fest, indem sie etwa den Bau von Brücken und Eisenbahnen sowie das Leben der Menschen, die von diesem Wandel betroffen waren, darstellte.

▼ ***Die Ährenleserinnen***, 1857, Jean-François Millet
Millet, der für seine bäuerlichen Szenen bekannt ist, malte diese hier auf eine große Leinwand, die gewöhnlich bedeutenden Personen vorbehalten war.

NATÜRLICHE PORTRÄTS

Luxuriöse Umgebungen, extravagante Ornamente und steife Posen waren in realistischen Porträts fehl am Platz. Der Realismus zeigte die Menschen vielmehr in zeitgenössischer Kleidung und natürlichen Posen. Dies steht im Gegensatz zur förmlichen, traditionellen Porträtmalerei, bei der sich die Porträtierten im Sonntagsstaat präsentierten.

▸ ***Frau in Blau***, 1874, Jean-Baptiste-Camille Corot
Die ungezwungen posierende und modische Frau wurde nicht im Stil der klassischen Porträtmalerei wiedergegeben.

Heute betrachten viele in der Kunstgeschichte den Realismus als Beginn der modernen Kunst.

KÜHN UND SKIZZENHAFT

Die Technik, die den größten Einfluss auf den Realismus hatte, war die Fotografie. Auch wenn die ersten Fotografien schwarz-weiß waren, stellten sie eine Herausforderung für die Malerei dar, denn sie hielten Momente der Wirklichkeit im Detail fest. Der Realismus experimentierte mit neuen Malstilen, wie kühnen und flüchtigen Pinselstrichen, um eine lebendige Unmittelbarkeit einzufangen, die Fotografien nicht erreichten.

◂ ***Ein Wagen der dritten Klasse***, 1864, Honoré Daumier
Die ärmsten Passagiere in einem Zug waren die Reisenden der dritten Klasse. Mit einem skizzenhaften, realistischen Malstil veranschaulichte Daumier, dass sie ihr hartes Los mit Würde trugen.

Modernes Leben malen

Ende des 19. Jahrhunderts war die industrielle Revolution in Europa bereits seit etwa 100 Jahren im Gange. In dieser Zeit waren die Städte enorm gewachsen und hatten das Leben der Menschen radikal verändert. Der Realismus versuchte, diesen Wandel bildlich festzuhalten, indem er sowohl die Kämpfe der Armen als auch die Freizeitvergnügen des neu entstandenen Bürgertums aufzeigte.

Ein Fischer späht in einen Fluss

Gemälde von einem Pionier des russischen Realismus

- **Künstler** Wassilij Perow
- **Entstehungsjahr** 1871
- **Technik** Öl auf Leinwand

Wassilij Perow war einer der Begründer der *Peredwischniki*-Bewegung („Die Wanderer“). Das war eine Gruppe von Vertretern des russischen Realismus in der zweiten Hälfte des 19. Jahrhunderts. Perow war geprägt von seinen Wanderungen durch Europa. Obwohl er in einem strengeren Stil malte als der französische Realismus, wollte auch er das Leben der einfachen Leute veranschaulichen, ohne seine Beobachtungen zu romantisieren oder zu idealisieren.

Die Wolgatreidler

Ungeschönte Darstellung eines harten Lebens

- **Künstler** Ilja Repin
- **Entstehungsjahr** 1873
- **Technik** Öl auf Leinwand

Auf diesem Bild ziehen elf Männer einen Kahn die russische Wolga stromaufwärts. Die Männer sehen erschöpft aus, aber in realistischer Manier porträtiert Repin sie mit Würde und verdeutlicht, wie hart das Leben der arbeitenden Bevölkerung sein kann.

Das ist eines der berühmtesten Gemälde der *Peredwischniki*-Bewegung. Obwohl deren Werke sich mit dem Alltäglichen befassten, fanden viele in Russland sie damals revolutionär, weil sie den etablierten künstlerischen Konventionen entgegenliefen.

Im Obstgarten

Alltagsmotiv auf großer Leinwand

- **Künstler** James Guthrie
- **Entstehungszeit** 1885–1886
- **Technik** Öl auf Leinwand

Der Schotte James Guthrie malte dieses große Bild von 152 × 178 cm in einem kleinen Dorf in der Nähe der Küste von Berwickshire. Es zeigt einen Jungen und ein Mädchen, die in einem sonnenbeschienenen Obstgarten Äpfel auflesen, während eine Schar Gänse zuschaut. Bis dahin war Guthrie vor allem als Porträtmaler aufgefallen, doch dieses Werk machte ihn als Vertreter des Realismus bekannt.

Miss Amelia van Buren

Natürliches Porträt des amerikanischen Realismus

- **Künstler** Thomas Eakins
- **Entstehungszeit** um 1891
- **Technik** Öl auf Leinwand

Dieser US-amerikanische Maler wurde durch sein Studium in Paris vom französischen Realismus inspiriert. Zurück in den Vereinigten Staaten malte Eakins Porträts, Figuren in Landschaften, Ringkämpfe und Chirurgen bei der Arbeit. Die Person auf diesem Gemälde war eine Schülerin von Eakins. Gedankenverloren wendet sie Kopf und Arme von den Betrachtenden ab.

▼ Schufterei
Repin zeigt, wie sehr sich die Männer anstrengen und ihr ganzes Körpergewicht bei der Arbeit einsetzen müssen.

Ein Begräbnis in Ornans

Gustave Courbet, ein Vertreter des französischen Realismus, malte diese Alltagsszene in einem Format, das normalerweise „nobleren" Themen vorbehalten ist. Das riesige Gemälde von 6,6 × 3,1 m stellt eine wahre Begebenheit dar – die Beerdigung von Courbets Großonkel im Jahr 1848.

INNERE WÜRDE
Diese Figuren wirken zurückhaltend, was von innerer Würde zeugt. Sie repräsentieren einen Querschnitt der Gesellschaft, darunter ein Priester, ein Bürgermeister, Bauern, Arbeiter und Mitglieder von Courbets Familie.

BETRUNKENE KÜSTER
Küster waren Kirchendiener, die bei religiösen Veranstaltungen halfen. Die roten Nasen und Wangen verraten, dass sie betrunken sind. Normalerweise wurden Kirchenmitglieder auf Gemälden jener Zeit respektvoller dargestellt.

BEGRÄBNIS DER ROMANTIK

Courbet nannte dieses Werk *Gemälde von menschlichen Figuren, Geschichte eines Begräbnisses in Ornans*. Er stellte es 1851 auf dem Salon de Paris aus, einer regelmäßigen öffentlichen Kunstausstellung in Frankreich, und bezeichnete es als „Begräbnis der Romantik". Eine so große Leinwand hätte normalerweise eine bedeutende Szene aus der Geschichte festgehalten, nicht das Begräbnis eines Bauern. Das Bild verursachte einen Skandal.

DIE TRAUERNDEN

Die lange Reihe überlebensgroßer Figuren erinnert an ein antikes Wandgemälde. Die greifbare Trauer der Porträtierten lässt das Bild sehr realistisch wirken, und das Format vermittelt den Betrachtenden das Gefühl, Teil des Geschehens zu sein.

UNANSEHNLICH

Die Gewöhnlichkeit des Gemäldes erntete Kritik. Es veranschaulicht die Beerdigung eines einfachen Menschen mit unansehnlichen Trauergästen wie diesen Männern. Traditionell waren Begräbnisdarstellungen heroischen oder religiösen Figuren vorbehalten.

KRIEGSVETERAN

Die Figur in Grün im Vordergrund neben dem leeren Grab ist ein ehemaliger Kämpfer der Französischen Revolution. Damals übersah die französische Mittel- und Oberschicht gern, dass Bauernstand und Arbeiterklasse ihnen während der Revolution zur Seite gestanden hatten.

Die Präraffaeliten

1848, im selben Jahr, in dem sich der Realismus in Paris formierte, gründete eine Gruppe englischer Maler und Dichter eine neue Vereinigung. Sie gedachten wehmütig der Vergangenheit und glaubten, dass die Industrialisierung der Gesellschaft schade. Die Mitglieder beriefen sich auf eine Zeit vor dem italienischen Maler Raffael und nannten sich präraffaelitische Bruderschaft.

▼ ***Eine bekehrte britische Familie schützt einen christlichen Missionar vor der Verfolgung durch die Druiden***, 1850, William Holman Hunt
Hunts Bild ist detailreich, wie es typisch für diesen Stil ist.

VOR RAFFAEL

Die Präraffaeliten waren der Ansicht, dass sich die Kunst seit der Zeit Raffaels Anfang des 16. Jahrhunderts in eine falsche Richtung entwickelt hatte. Sie fanden, dass Raffaels Bezug auf antike Schönheitsideale die Kunst verkünstlicht hatte und wandten sich gegen die Verehrung, die man ihm entgegenbrachte. Stattdessen orientierten sie sich an den Stilen von Künstlern der Frührenaissance wie Botticelli, deren Werke Farbe und Details betonten.

▼ ***Ophelia***, 1852, John Everett Millais
Diese ertrinkende Frau stammt aus Shakespeares Stück Hamlet. *Die Präraffaeliten wählten oft tragische Themen.*

STRAHLEND SCHÖN

Die Präraffaeliten lehnten den Malstil von Sir Joshua Reynolds ab, dem Gründer der englischen Royal Academy of Arts. Sie nannten ihn „Sir Sloshua" (*sloshy* ist englisch für „schwammig"), weil sie seine Gemälde chaotisch fanden. Die Präraffaeliten hingegen arbeiteten sehr genau, und ihre Gemälde hatten eine große Strahlkraft. Dies erreichten sie, indem sie die Leinwände mit Weiß grundierten.

◂ ***Die Geliebte (Die Braut)***, 1866, Dante Gabriel Rossetti
Das Gemälde befasst sich mit der Kraft der weiblichen Schönheit, die durch die lebhaften Farben zum Ausdruck gebracht wird.

Die Präraffaeliten glaubten, dass die Kunst die Natur so genau und ehrlich wie möglich nachempfinden sollte.

▸ ***Die Verführung Merlins***, 1877, Edward Burne-Jones
Dieses Gemälde bebildert eine Szene aus der Artuslegende, in der sich Merlin in Nimue, die geheimnisvolle Hüterin des Sees, verliebt.

WAHRHEITSGETREU MALEN

Die Künstler fanden, dass Raffaels Bezugnahme auf die Antike dem Studium der Kunst geschadet und diese einfallslos und affektiert gemacht hatte. Die Präraffaeliten signierten ihre Gemälde mit PRB (präraffaelitische Bruderschaft). Obwohl sie vielfach kritisiert wurden, brachte ihnen der Kunstkritiker John Ruskin Bewunderung entgegen, vor allem wegen ihrer Ansicht, dass der Zweck der Kunst darin bestehe, die Natur so genau und ehrlich wie möglich wiederzugeben.

ANHALTENDER EINFLUSS

1853 hatte sich die Bruderschaft aufgelöst. Dante Gabriel Rossetti wurde jedoch weiterhin als Präraffaelit bezeichnet, wie auch nachfolgende Künstler, die ähnlich arbeiteten, etwa Edward Burne-Jones. Obwohl die Gruppe zunächst weithin auf Ablehnung stieß, übte sie am Ende großen Einfluss auf Kunstströmungen wie den Symbolismus aus.

PORTRÄT DES LEBENS
Obwohl Ford Madox Brown nie Mitglied der präraffaelitischen Bruderschaft war, gilt das um 1852–1865 entstandene Bild *Arbeit* als wichtiges präraffaelitisches Werk. Detailliert und farbenfroh, veranschaulicht es das Leben der reichen, mittelständischen und armen Menschen Englands.

Kunst außerhalb Europas

Während sich die modernen westlichen Kunstströmungen schnell entwickelten und veränderten, vollzog sich der Wandel in vielen anderen Teilen der Welt deutlich langsamer und alte Traditionen wurden oft weitergeführt. Viele moderne europäische Kunstschaffende ließen sich auf der Suche nach neuen Stilen und Inhalten von nicht-westlicher Kunst inspirieren.

▲ **Kuba-Maske**, Entstehungszeit unbekannt
Diese Maske stammt aus dem Königreich der Kuba in Zentralafrika, das seine Blütezeit zwischen dem 17. und 19. Jahrhundert erlebte.

AFRIKANISCHER EINFLUSS

Im 19. Jahrhundert hielten einige in Europa die Kunst außereuropäischer Gesellschaften für „rein", weil in diesen Kulturen materieller Wohlstand einen geringeren Stellenwert hatte als in Europa. Afrikanische Masken fingen das Wesen menschlicher Züge durch einfache Formen anstatt einer detailgetreuen Nachbildung ein. Im Westen wurde diese Kunst als „primitiv" bezeichnet.

▶ **Wandjina-Geist**, Entstehungszeit unbekannt, Höhlenmalerei
Die Wandjina haben große Augen, aber keinen Mund, und sind Symbole für Fruchtbarkeit und Regen. Sie sind nur im westaustralischen Kimberley zu finden.

TRAUMZEIT-BILDER

Malereien, die die Traumzeit – die Mythologie der Aborigines – bebildern, existieren in Australien seit urgeschichtlichen Zeiten. Die Bilder zeigen Ahnenwesen der Vergangenheit, die auch in der Gegenwart präsent sind. Obwohl die Kunstschaffenden der Aborigines einen individuellen Stil haben, verwenden sie eine gemeinsame Symbolik aus bestimmten Formen und Linien. So stellen Fußabdrücke Jäger dar.

▲ ***Vista de pájaro (Vogelperspektive),*** um 2000, Antonio Coché Mendoza *Dieses eigentlich aus der Froschperspektive dargestellte farbenfrohe Bild ist ein Beispiel der naiven Malerei in Guatemala.*

NAIVE MALEREI

Die naive Malerei bedient sich eines bewusst vereinfachten Stils. Sie entstand in verschiedenen Teilen der Welt in Ablehnung einer empfundenen Unaufrichtigkeit der westlichen Kunst. Diese Stilrichtung ließ sich hauptsächlich von der Kunst früherer, außereuropäischer Kulturen inspirieren.

Anfang des 20. Jahrhunderts änderte Pablo Picasso seinen Stil, nachdem er in einem Pariser Museum afrikanische Masken gesehen hatte.

▶ ***Pflaumenblüte***, 1950, Qi Baishi *Qi Baishi malte dieses Bild mit einfachen Pinselstrichen im fließenden* Xieyi-*Stil.*

TRADITIONELLE TECHNIK

Der klassische chinesische Malstil wird *Guóhuà* genannt, was so viel wie „traditionelle Malerei“ bedeutet. Dabei werden Kalligrafie-ähnliche Zeichen mit senkrecht gehaltenem Pinsel gesetzt. Gewöhnlich wird auf Papier oder Seide gemalt und das Bild dann auf Rollen aufgezogen. Zwei Hauptmaltechniken sind bekannt: *Gongbi* („akribisch“) und *Xieyi* („Freihand“).

Japanische Drucke

Von 1615 bis 1868 herrschte in Japan eine feudale Militärregierung (Tokugawa Shogunat), die das Land von der Welt abschottete. In dieser Zeit bildete sich ein unverwechselbarer Stil heraus, der *Ukiyo-e* genannt wird, was „Bilder der fließenden Welt“ bedeutet. Er fand zunächst in der Malerei, später auch im Holzschnitt Anwendung.

Ein Winterfest

Elegantes Gesellschaftsporträt

- **Künstler** Utagawa Toyoharu
- **Entstehungszeit** um 1780
- **Technik** Farbe und Gold auf Seide

Unter dem Einfluss der traditionellen chinesischen Malerei schufen die *Ukiyo-e*-Künstler Formen mit flächigen Farben und kräftigen, fließenden, klar definierten Linien. Hier hat Utagawa Toyoharu einen Mann mit vier Gefährtinnen abgebildet, die vor einem winterlichen Garten heißen Tee trinken und Musik hören.

Die große Welle vor Kanagawa

Druck, der weltberühmt wurde

- **Künstler** Katsushika Hokusai
- **Entstehungsjahr** 1832
- **Technik** Farbholzschnitt

Katsushika Hokusai ist heute der bekannteste *Ukiyo-e*-Künstler, und dieses Bild ist wohl sein berühmtestes Werk. Die dramatische, asymmetrische Komposition verwendet nur wenige Farben und viele kühne, geschwungene Linien. Sie gehört zu einer Serie von Grafiken mit dem Titel „36 Ansichten des Bergs Fuji“. Diese erregten weltweit Aufmerksamkeit, als Japan ab 1868 den Handel mit anderen Ländern wieder aufnahm.

◂ **Ausgewogenes Bild**
Dieses Werk offenbart Hokusais Verständnis von Harmonie. Eindrucksvoll umrahmt die riesige Welle den Berg Fuji in der Ferne.

Diptychon eines Schwertkampfs

Dynamisches, zweiteiliges Bild

- **Künstler** Ando Hiroshige
- **Entstehungszeit** 1830er-Jahre
- **Technik** Farbholzschnitt

Dieses Bild ist ein Diptychon und besteht aus zwei Teilen. Es zeigt zwei Männer beim Schwertkampf. Der diagonale Bildaufbau, der fehlende Hintergrund und die detailreichen Gewänder lenken den Blick der Betrachtenden direkt auf das Geschehen. *Ukiyo-e-*Künstler wie Hiroshige stellten leuchtende Farben aus Pigmenten natürlicher Stoffe wie Färberdisteln oder zerstoßenen Muscheln her. Später, als Japan wieder international handelte, verwendete man auch synthetische Farbstoffe, die aus dem Westen importiert wurden.

Sumoringer

Beliebtes Motiv für Sammlungen japanischer Kunst

- **Künstler** Utagawa Kunisada
- **Entstehungszeit** um 1850
- **Technik** Farbholzschnitt

Drucke von Sumoringern waren in Japan zwischen 1775 und 1850 besonders beliebt. Ab 1825 schufen die meisten davon Kunisada und seine Schüler. Im Lauf seines Lebens wurde er durch Werke wie dieses reich und berühmt. Alle Elemente der Druckgrafik sind mit schwarzer Sumi-Tinte umrandet, wie sie auch für die Kalligrafie verwendet wurde.

34. Station: Yoshida

Typische Szene, die in Europa Begeisterung auslöste

- **Künstler** Utagawa Hiroshige
- **Entstehungsjahr** 1861
- **Technik** Farbholzschnitt

Als Japan seine Grenzen Ende des 19. Jahrhunderts öffnete, wickelte man japanische Ziergegenstände und Möbel, die in Europa verkauft wurden, in Drucke wie diesen ein. Diese Grafiken lösten eine Faszination für japanische Kunst aus, die als *Japonismus* bekannt wurde. Hier sieht man eine Brücke und Segelboote auf einem Fluss an der Raststation Yoshida in der japanischen Stadt Toyohashi.

Édouard Manet

Fotografie von Manet mit 42 Jahren

Der französische Maler Édouard Manet wurde klassisch ausgebildet, studierte frühere Werke und malte große historische, biblische oder mythische Szenen. In Abkehr davon verschrieb er sich später jedoch den Ideen des Realismus und bildete das Leben in den Cafés, Theatern, Parks und Bahnhöfen seiner Umgebung ab. Zudem entwickelte er einen neuen, freieren Stil.

SCHNELL UND SKIZZENHAFT

Als Manet mit der Konvention brach und städtische Alltagsszenen malte, wurde er belächelt. Die klassische Malerei mit kurzen, bedachten Pinselstrichen war präzise und stellte alles so lebensnah wie möglich dar. Manet aber verwendete schnelle, lockere Pinselstriche und skizzenhafte Farbflecken. Er reduzierte Details und Tonalität, sodass seine Bilder beinahe flächig wirken.

◂ ***Musik in den Tuilerien***, 1862
Das war Manets erste große Stadtszene. Sie zeigt ein mondänes Publikum, das einer Musikkapelle in einem beliebten Park lauscht.

LEBENSDATEN

1832	1848	1850–1856	1857–1862
Édouard Manet wird in Paris in eine wohlhabende Familie geboren. Sein Vater hofft, dass Édouard Jura studiert, aber er will Künstler werden.	Um seinen Vater zufriedenzustellen, bereitet sich Manet auf die Marine vor. Er fällt jedoch bei der Aufnahmeprüfung durch und darf nun Malerei studieren.	Manet wird bei dem Künstler Thomas Couture ausgebildet. 1853–1856 studiert er auf Reisen die Kunst in den Niederlanden, Italien und Deutschland.	Zurück in Paris beginnt Manet, in einem realistischen, skizzenhafteren Stil zu malen. Er stellt *Musik in den Tuilerien* aus, das von der Kritik verspottet wird.

▲ ***Bar in den Folies-Bergère***, 1882
In einem belebten Nachtclub bedient die Bardame Suzon einen Kunden. Im Spiegel hinter ihr sieht man den Club, wie etwa die Füße eines Trapezkünstlers (oben links).

ÜBER DEN RAHMEN HINAUS

Anstatt sorgfältig dünne Farbschichten aufzutragen, setzte Manet die Farbe dort ein, wo er sie sah, und baute seine Bilder spontan auf. So fing er die flüchtige Wirkung von Licht und Atmosphäre ein. Er machte sich auch fotografische Techniken zunutze und schnitt Objekte am Bildrand ab, um den Eindruck zu erwecken, dass sie über den Rahmen hinausgehen.

1863–1865	1873	1874	1875–1883
Manet erregt einen Skandal, weil er eine nackte Figur auf *Das Frühstück im Grünen* zeigt. Die Jury des Salon de Paris weist das Bild ab.	Manet freundet sich mit dem französischen Maler Claude Monet an, der ihn zur Teilnahme an der ersten impressionistischen Ausstellung einlädt. Er lehnt ab.	Manets Bilder inspirieren die Malerei des Impressionismus. Die französische Impressionistin Berthe Morisot überredet ihn zur Pleinairmalerei (Malerei unter freiem Himmel).	Manet zeichnet Lithografien für das Gedicht *Der Rabe* des US-amerikanischen Literaten Edgar Allan Poe. 1881 ehrt ihn der französische Staat. Er stirbt 1883.

Impressionismus

In den 1860er-Jahren begann eine Gruppe französischer Malerinnen und Maler, auf radikal neue Weise zu arbeiten. Sie malten schnell unter freiem Himmel, anstatt in einem Atelier nach Skizzen. Mit kühnen Strichen und leuchtenden Farben versuchten sie, das Alltagsleben einzufangen, ohne ein genaues Abbild anzustreben. Die Stilrichtung wurde später als Impressionismus bekannt.

▼ ***Impression, soleil levant***, 1872, Claude Monet
Mit seinen freien, skizzenhaften Pinselstrichen gab dieses Gemälde der impressionistischen Bewegung ihren Namen.

GEBURTSSTUNDE

Im 19. Jahrhundert reichten französische Kunstschaffende, die ihre Bilder verkaufen wollten, sie bei der Jury des Salon de Paris ein. Diese befand darüber, ob die Bilder auf der offiziellen Kunstschau gezeigt wurden. Nach zahlreichen Ablehnungen veranstaltete eine kleinere Gruppe von Malenden im April 1874 eine eigene Ausstellung. Ein Kritiker, der die Bilder als unfertig und als bloße Eindrücke empfand, bezeichnete die Gruppe nach Claude Monets Gemälde *Impression, soleil levant* abwertend als „Impressionisten". Das gab der Bewegung ihren Namen.

FLÜCHTIGER MOMENT

Die Gruppe arbeitete in Paris und traf sich regelmäßig, um unter anderem über neue Farbtheorien, Fotografie, Landschaftsmalerei und realistische Malerei, insbesondere die von Manet, zu diskutieren. Sie verzichtete auf klassische Stile und Motive und malte das Leben in ihrem Umfeld, indem sie flüchtige Momente wie die Effekte des Sonnenlichts festhielt. Renoirs *Der Ball im Moulin de la Galette* ist ein beeindruckendes Beispiel dieses Genres.

▲ ***Brücke in Villeneuve-la-Garenne***, 1872, Alfred Sisley
Sisley malte diese moderne Brücke mit leuchtenden Farben und flächigen Pinselstrichen.

ZÖGERNDE AKZEPTANZ

1874–1886 veranstaltete die Gruppe acht Ausstellungen in Paris. Die meisten Werke sind aus ungewöhnlichen Blickwinkeln gemalt, und für die Schatten wurden Farben anstelle von Schwarz verwendet. Die leuchtenden Farben und kurzen Pinselstriche brachen mit etablierten Malweisen. So dauerte es bis in die 1880er-Jahre, bis der neue Stil Bewunderung fand.

◄ ***Der Ball im Moulin de la Galette***, 1876, Auguste Renoir
Farbige Lichtflecke fallen auf die Menschen in dieser sonnenbeschienenen Szene. Renoir stellte die Pariser Arbeiterklasse in ihrem Sonntagsstaat bei einem Tanz im Stadtteil Montmartre dar.

▼ ***Der Garten des Künstlers in Vétheuil***, 1881, Claude Monet
Monet malte viele Szenen, auf denen Familienmitglieder abgebildet sind, in seinem Garten.

Der Impressionismus hielt durch die Pleinairmalerei (Malerei unter freiem Himmel) die flüchtige Wirkung des Sonnenlichts fest.

LICHTEFFEKTE

Die Künstlerinnen und Künstler des Impressionismus interessierten sich für die Effekte von Licht und Wetter. Das spiegelt sich in ihren Landschafts- und Alltagsbildern wider. Mit den neuen, synthetischen Farben in leuchtenden Tönen, die fertig angemischt in Tuben erhältlich waren, konnten sie im Freien und direkt vor dem Motiv anstatt nach Skizzen im Atelier malen.

Den Moment einfangen

Der Impressionismus wurde bei der Motivwahl vom Realismus beeinflusst. Er widmete sich Landschaften und Szenen des modernen Lebens, aber auch gewöhnlichen Menschen, die alltäglichen Tätigkeiten nachgingen. Doch sein Ziel war es, einen Moment so einzufangen, wie ihn die meisten Menschen erleben – als flüchtigen Eindruck mit lebendigen Farben, aber wenigen Details.

Lastkähne auf der Seine bei Bougival

Eine auffallend modern wirkende Szene

- **Künstler** Camille Pissarro
- **Entstehungsjahr** 1871
- **Technik** Öl auf Leinwand

Als ältester Vertreter des Impressionismus prägte Pissarro jüngere Kolleginnen und Kollegen. Obwohl sie mit ihren Stadt- und Landschaftsszenen an den Realismus anknüpften, war ihr Malstil mit schnellen Pinselstrichen und leuchtenden Farbtupfern neu. Pissarros Bilder von Lastkähnen wirken modern, dynamisch und ausdrucksstark.

Der Tanzunterricht

Ein von fotografischen Techniken inspiriertes Gemälde

- **Künstler** Edgar Degas
- **Entstehungszeit** 1871–1874
- **Technik** Öl auf Leinwand

Obwohl Degas sich an impressionistischen Ausstellungen beteiligte, weichen seine Bilder von diesem Stil ab, da er lieber im Atelier als im Freien arbeitete. Dieses Werk zeigt eine Tanzstunde mit dem berühmten Choreografen Jules Perrot. Der diagonale Bildaufbau verdeutlicht den Einfluss japanischer Drucke. Das Bild wirkt wie ein Schnappschuss und offenbart Degas' fotografische Kenntnisse. Ab den 1870er-Jahren schuf Degas unzählige Tanzszenen.

Der Tee

Ein japanischen Drucken nachempfundenes Bild

- **Künstlerin** Mary Cassatt
- **Entstehungszeit** um 1880
- **Technik** Öl auf Leinwand

Inmitten einer Streifentapete und eines silbernen Teeservices trinken zwei Freundinnen Tee und plaudern. Die Mitglieder des Impressionismus trafen sich regelmäßig und inspirierten sich gegenseitig. Der asymmetrische Bildaufbau mit abgeschnittenen Rändern zeugt vom Einfluss von Degas, mit dem Cassatt befreundet war, und ihrer gemeinsamen Bewunderung japanischer Drucke. Die sanften, leuchtenden Farben und die Betonung des Lichts lassen Anklänge an Pissarro erkennen.

Das Frühstück der Ruderer

Experimente mit neuen Farbtheorien

- **Künstler** Pierre-Auguste Renoir
- **Entstehungszeit** 1880–1881
- **Technik** Öl auf Leinwand

Der Impressionismus verfolgte neue Ansätze in der Farbgebung. So wurden Schatten durch Lichtreflexionen umliegender, manchmal nicht sichtbarer Objekte erzeugt. Auf dieser Terrassenansicht mit Renoirs Freundeskreis fungiert der Fluss links als Lichtquelle. Das weiße Tischtuch und die Hemden der Männer reflektieren das Licht und erhellen die Szene.

▼ **Glitzerndes Licht malen**
Pissarro stellte seine Staffelei unter freiem Himmel auf, um die Spiegelungen auf dem Wasser wirklichkeitsnah einzufangen. Er arbeitete schnell, um den ersten Eindruck nicht zu verlieren.

WASSERGARTEN
1883 zog Claude Monet nach Giverny in Nordfrankreich. Ab 1890 legte er einen Blumengarten um einen Teich mit einer japanischen Brücke an. Vom Rand des Teichs aus schuf er eine Reihe von Gemälden bei unterschiedlichen Lichtverhältnissen. Dieses Werk, *Japanische Brücke im Garten von Giverny*, entstand 1899.

MALEREI

Postimpressionismus

Dem Impressionismus folgte der Postimpressionismus, der von umfassenden stilistischen Neuerungen geprägt war. Die Kunstschaffenden des Postimpressionismus experimentierten mit Farbe, Form und Pinselstrich, um ihre Ideen auf sehr unterschiedliche Weise auszudrücken. Die meisten von ihnen wurden zu Lebzeiten verkannt, aber viele erwiesen sich nach ihrem Tod als sehr einflussreich.

Toulouse-Lautrec war nicht nur ein großer Maler, er ist auch für seine Plakate berühmt, die er für Pariser Nachtclubs gestaltete.

FARBE UND FORM

Der einflussreichste Postimpressionist war der französische Maler Paul Cézanne. Er wandte sich immer wieder denselben Motiven zu, vor allem Landschaften und Stillleben. Er arbeitete sehr langsam und versuchte, die Form und Struktur von Objekten zu vereinfachen und ihnen durch die Farbgebung Tiefe zu verleihen. Sein Werk hatte großen Einfluss auf kubistische Maler wie Picasso und ebnete der abstrakten Kunst den Weg.

◂ ***Gardanne***, 1885–1886, Paul Cézanne
Geometrische Formen prägen das Bild dieser südfranzösischen Hügelstadt in einer Gegend, die Cézanne aufgrund des strahlenden Lichts und der kräftigen Farben gefiel.

SYMBOLISMUS

Einige wandten sich von der impressionistischen Erkundung der Natur ab. Sie wollten mit ihren Werken eine innere Bedeutung oder eine geheimnisvolle, fantastische Atmosphäre vermitteln. Dieser Stil wurde als Symbolismus bekannt, da er sich vertrauter Symbole bediente, etwa aus der Bibel oder Mythologie. Die Malweise des französischen Künstlers Paul Gauguin verstärkte das Gefühl des Unwirklichen, indem sie kräftige Linien mit flächigen Bereichen in plakativen, unnatürlichen Farben kontrastierte.

◂ ***Der gelbe Christus***, 1889, Paul Gauguin
Gauguin platziert Christus am Kreuz in die nordfranzösische Landschaft und verdeutlicht so den starken, einfachen Glauben der Frauen, die zu seinen Füßen beten.

WINZIGE FARBTUPFER

Andere, wie der französische Künstler Georges Seurat, experimentierten mit optischen Effekten. Seurat entwickelte eine Technik namens Pointillismus, bei der er winzige Farbpunkte nebeneinandersetzte. Aus der Ferne verschmolzen die Punkte miteinander zu Farben, die beinahe zu leuchten schienen.

▸ ***Ein Sonntagnachmittag auf der Insel La Grande Jatte***, 1884–1886, Georges Seurat
Diese Pariser Szene wirkt fast wie eingefroren, ist aber dennoch lebendig durch die Menschen und Details, wie den Affen auf der rechten Seite.

MALEREI

▾ ***Ball im Moulin Rouge***, 1889–1890, Henri de Toulouse-Lautrec
Dieses Bild versetzt die Betrachtenden mitten in die Menge des Pariser Nachtclubs.

UNVERWECHSELBARE CHARAKTERE

Der bedeutende französische postimpressionistische Künstler Henri de Toulouse-Lautrec ließ sich von dem impressionistischen Maler Degas und dessen Tanzszenen inspirieren. Toulouse-Lautrecs Stil war jedoch ganz anders. Seine Welt war das Pariser Nachtleben. Unter dem Eindruck der japanischen Kunst schuf er mit langen, geschwungenen Linien markante Silhouetten, die jede Figur einzigartig machten.

Sternen-nacht

Die Werke des niederländischen postimpressionistischen Künstlers Vincent van Gogh sind heute in aller Welt berühmt – zu seiner Zeit brachte man ihm jedoch wenig Anerkennung entgegen. Er führte ein sehr bewegtes Leben. 1889 malte er *Sternennacht* als Patient in einer Nervenheilanstalt.

SYMBOLISMUS
Die Kunstgeschichte hat versucht, das Gemälde zu interpretieren. Einer Theorie zufolge stehen der Himmel für Gott, das Dorf für die Welt und die Zypresse für van Gogh. Das Bild erinnert an eine biblische Geschichte, in der Josef seinen elf Brüdern einen Traum beschreibt: „Die Sonne, der Mond und elf Sterne verneigten sich vor mir."

GEQUÄLTE SEELE

1888 zog van Gogh nach Arles in Südfrankreich, wo seine Werke heller und seine Pinselstriche kräftiger wurden. Dort gesellte sich der französische Künstler Paul Gauguin zu ihm. Nach einem Streit mit Gauguin schnitt van Gogh sich einen Teil des Ohrs ab und wurde daraufhin in die Nervenheilanstalt von Saint-Paul-de-Mausole eingewiesen.

DIE KIRCHE
Der Turm der Dorfkirche ist typisch für die Niederlande und wurde wahrscheinlich einer Kirche nachempfunden, die van Gogh aus seiner Heimat kannte.

KOMPLEMENTÄR-FARBEN
Der wirbelnde Mond- und Sternenhimmel nimmt den größten Teil des Bilds ein. Orange und Blau sind Komplementärfarben – nebeneinander platziert, wirken beide intensiver.

PASTÖSE FARBEN
Mit kurzen Pinselstrichen und dick aufgetragener Farbe (Technik, die man Impasto nennt) verleiht van Gogh dem Himmel einen Eindruck von Bewegung und geheimnisvollen Glanz.

DAS DORF
Van Gogh malte Sternennacht *von seinem Fenster in der Nervenheilanstalt von Saint-Paul-de-Mausole aus. Das Dorf selbst ist jedoch vom Fenster aus nicht zu sehen. Wie der Sternenwirbel entspringt auch das abgebildete Dorf van Goghs Fantasie.*

Fantasiekunst

Ende des 19. Jahrhunderts entwickelten sich zwei neue Kunst- und Designstile. Als Reaktion auf den Realismus waren beide äußerst fantasievoll. Der Symbolismus schuf geheimnisvolle Gemälde, die oft auf der antiken Mythologie beruhten, während der Jugendstil oder Art Nouveau, wie er in England, Frankreich und den USA genannt wurde, stark stilisierte Bilder hervorbrachte.

Orpheus

Typisch geheimnisvolles Werk des Symbolismus

- **Künstler** Gustav Moreau
- **Entstehungsjahr** 1865
- **Technik** Öl auf Holz

Der französische Symbolist war von Leonardo da Vinci (Renaissance) und Eugène Delacroix (Romantik) beeinflusst und schuf sehr fantasievolle Bilder nach der altgriechischen und altrömischen Mythologie. Hier betrauert ein namenloses Mädchen den auf einer Lyra liegenden Kopf des griechischen Dichters Orpheus.

Die Toteninsel

Werk, das als „Bild zum Träumen“ in Auftrag gegeben wurde

- **Künstler** Arnold Böcklin
- **Entstehungsjahr** 1883
- **Technik** Öl auf Holz

Der von der Romantik inspirierte Schweizer Symbolist malte fünf Versionen dieses unheimlichen Werks mit verschiedenen Licht- und Farbgebungen. Das ist die dritte Variante. Ein Mann rudert ein Boot zu einer Insel. Neben ihm steht eine verhüllte Gestalt bei einem Sarg. Hohe, dunkle Zypressen und ein seltsames Licht verstärken die verstörende Stimmung.

▲ Stilmix
Auch dieses Jugendstilgemälde ist dem Symbolismus zuzuordnen. Die Muster auf der Kleidung des Mannes symbolisieren Männlichkeit, die Muster auf der Kleidung der Frau stehen für Weiblichkeit.

Hollywood Angel

Farbiges Fenster in Chicago, USA

- **Künstler** Tiffany Studio
- **Entstehungszeit** um 1910
- **Technik** Glasmalerei

Der US-amerikanische Künstler und Designer Louis C. Tiffany erfand eine neue Glasverarbeitungsmethode und kreierte so innovative Objekte aus farbigem Glas. Art-Nouveau-Werke wie dieses, die auf geschwungenen, natürlichen Formen und fließenden Linien aufbauen, unterlagen den unterschiedlichsten Einflüssen, wie keltischer und islamischer Kunst, Rokoko und Symbolismus sowie japanischem Design.

Rückkehr aus dem Waschhaus

Darstellung gesellschaftlicher Verhältnisse

- **Künstler** Théophile-Alexandre Steinlen
- **Entstehungsjahr** 1912
- **Technik** Weichgrundätzung

Der in der Schweiz geborene französische Maler schuf ausdrucksstarke Art-Nouveau-Grafiken in einem vereinfachten, überlängten Stil, der viele beeinflusste, wie auch Pablo Picasso. Steinlen fertigte Hunderte Illustrationen, die häufig gesellschaftliche Missstände thematisierten. Dieses Werk stellt arme Frauen in Paris dar.

Der Kuss

Radikales, stilisiertes Bild des Jugendstils

- **Künstler** Gustav Klimt
- **Entstehungsjahr** 1908
- **Technik** Öl, Silber und Blattgold auf Leinwand

1897 wandten sich einige Wiener Kunstschaffende von der etablierten Kunst der Stadt ab, die sie als altmodisch empfanden, und begründeten den Jugendstil. Klimt war der einflussreichste Vertreter dieser Gruppe. Das ist eines seiner berühmtesten Gemälde – ein verziertes, stilisiertes Bild eines Mannes, der eine Frau auf die Wange küsst.

Emotionen malen

Der Expressionismus ist eine Stilrichtung, die Anfang des 20. Jahrhunderts in Deutschland entstand. Deren Gemälde zeigen starke Emotionen, oft unter Verwendung verzerrter Formen. Der Fauvismus war eine weitere Strömung jener Zeit, die mit kräftigen Farben und vereinfachten Formen eine unmittelbare emotionale Reaktion bei den Betrachtenden hervorrufen wollte.

VERFREMDETE BILDER

Die expressionistische Kunst wollte die Wut und Angst ausdrücken, die die damaligen Umwälzungen in der deutschen Gesellschaft hervorriefen. Gefühle, nicht die Abbildung der Realität, wurden zum wichtigsten Element ihrer Werke. Die einzelnen Vertreterinnen und Vertreter des Expressionismus stellten ihre Gefühle auf unterschiedliche Art dar, aber alle verzerrten oder übertrieben Gegenstände, Menschen und Farben.

◂ ***Berge bei Collioure***, 1905, André Derain *Die Farben und Formen dieses Werks, das während eines gemeinsamen Malurlaubs mit Henri Matisse entstand, sind Ausdruck seines damaligen Optimismus.*

EIN SCHOCKIERTES PUBLIKUM

1903 gründete der Architekt Frantz Jourdain in Paris den Salon d'Automne (Herbstsalon), um einen Ort für moderne Kunst zu schaffen. Als Henri Matisse, Maurice de Vlaminck, Albert Marquet, André Derain und Georges Rouault 1905 dort ausstellten, verstörten sie mit ihren farbenfrohen und scheinbar chaotischen Werken das Publikum.

WILDE TIERE

Die Gemälde auf dem Salon d'Automne von 1905 stießen auf harsche Kritik. Aufbauend auf dem Postimpressionismus hatten die Künstler unnatürliche, leuchtende Farben und kurze, lebhafte Pinselstriche verwendet, Perspektiveregeln außer Acht gelassen und Details vereinfacht. Weil ein Kritiker abschätzig urteilte, die Bilder sähen aus wie wilde Tiere (*fauves* auf Französisch), wurde die neue Stilrichtung als Fauvismus bekannt.

▲ ***Offenes Fenster in Collioure***, 1905, Henri Matisse
Die unnatürliche Farbgebung dieser fauvistischen Ansicht eines kleinen Fischerhafens vermittelt Lebensfreude.

Damit die Farben so kräftig wie möglich wirkten, trugen die Fauvisten sie manchmal direkt aus der Tube auf die Leinwand auf.

EINFACHE FORM, LEBHAFTE FARBE

Die vereinfachten Formen und leuchtenden Farben der Bilder der Fauvisten spiegelten ihre Beziehung zur Natur wider, die im Gegensatz zum Expressionismus meist positiv war. Der Fauvismus hielt sich jedoch nicht lange, und drei Jahre nach der Ausstellung von 1905 hatten die Fauvisten ihre Malweise verändert.

◀ ***Die Straße***, 1913–1915, Ernst Ludwig Kirchner
Aufeinanderprallende Farben und seltsame Blickwinkel erzeugen in diesem expressionistischen Werk ein Gefühl des Unbehagens.

▶ ***Schlepper auf der Seine***, 1905–1906, Maurice de Vlaminck
Dieses fauvistische Werk, bei dem dicke, kräftige Farben mit breiten Strichen aufgetragen wurden, lässt den Eindruck von Aktivität und Bewegung entstehen.

Edvard Munch

Fotografie von Munch im Alter von 26 Jahren

Der norwegische Maler und Grafiker Edvard Munch schuf verstörende Bilder, die aus seinem Interesse am Symbolismus erwuchsen und seine psychischen Probleme widerspiegelten. Seine Mutter starb, als er fünf Jahre alt war, und seine Schwester, als er 14 Jahre alt war. Die Angst vor dem Tod und Sorge um die Gesundheit waren ständige Begleiter von Munch.

SELBSTPORTRÄTS

Zwischen 18 und 80 Jahren malte Munch Selbstporträts, mit denen er die Veränderung in Lebensalter und Gefühlswelt festhielt. Wie seine anderen Werke weisen auch viele seiner Selbstporträts eine intensive Farbgebung und eine geheimnisvolle Atmosphäre auf. In seiner Kunst verband er Bilder aus seiner Umgebung mit der eigenen emotionalen und spirituellen Wahrnehmung, ähnlich wie Vincent van Gogh es handhabte.

◂ ***Selbstbildnis mit einer Flasche Wein***, 1906
Als eine von wenigen Personen in einem Restaurant sitzt der düster blickende 42-jährige Munch allein an einem Tisch.

LEBENSDATEN

1863	1868–1877	1879–1884	1885–1890
Munch wird im norwegischen Ådalsbruk geboren. Sein Vater ist Militärarzt. 1864 zieht die Familie Munch nach Kristiania (heute Oslo).	1868 stirbt Munchs Mutter an Tuberkulose. Mit 13 Jahren verlässt er die Schule wegen einer Krankheit. Als er 14 ist, stirbt auch seine Schwester Sophie an Tuberkulose.	Munch studiert erst Maschinenbau und dann Malerei. 1883 wird er von dem Maler Frits Thaulow unterrichtet und stellt ein Gemälde auf dem Herbstsalon in Kristiania aus.	Munch zeigt auf der norwegischen Ausstellungsfläche der Pariser Weltausstellung ein Gemälde und bleibt zum Kunststudium in Paris. 1889 hat er seine erste Einzelausstellung.

◂ ***Der Schrei***, Version von 1893
Das ist eines der bekanntesten Gemälde der Welt. Es ist eine von vier Versionen des Bilds, das Munch ursprünglich Der Schrei der Natur *nannte.*

Der Kristianiafjord in Norwegen wird durch fließende, wirbelnde Linien dargestellt.

Die Figur umfasst mit ihren dünnen Händen ein totenkopfähnliches Gesicht und schreit den Betrachtenden direkt an.

IN SEINEN WORTEN

Mit *Der Schrei* brachte Munch seine innere Gefühlsqual zum Ausdruck. Er beschrieb, was ihn zu diesem Bild inspirierte: „Ich ging mit zwei Freunden die Straße entlang – dann ging die Sonne unter. Der Himmel wurde plötzlich blutrot […] Ich hielt an, lehnte mich an einen Zaun, denn ich war todmüde. Über dem blauschwarzen Fjord und der Stadt lag Blut in Feuerzungen. Meine Freunde gingen weiter – und ich wurde zitternd vor Angst zurückgelassen. Und ich fühlte, dass ein gewaltiger, unendlicher Schrei durch die Natur ging."

1889–1894	1895–1899	1900–1932	1944
Er bereist Frankreich, Belgien, Dänemark und Deutschland. Im Jahr 1894 entstehen erste Grafiken.	Über mehrere Jahre werden Munchs Werke in Dänemark, Norwegen, Deutschland und Frankreich ausgestellt. 1896 fertigt er erste Farblithografien und Holzschnitte.	Munch bereist viele Teile Westeuropas. Aus der immerwährenden Sorge um seine Gesundheit verbringt er einige Zeit in deutschen Kurbädern.	Bei seinem Tod 1944 hinterlässt Munch der norwegischen Stadt Oslo mehr als 20 000 Kunstwerke, von denen viele heute im Munch-Museum zu sehen sind.

Kubismus und Futurismus

Der Kubismus ist eine der einflussreichsten Stilrichtungen des 20. Jahrhunderts, deren Werke Perspektive und Wirklichkeitsnähe aufgaben, um ein Motiv aus mehreren Blickwinkeln gleichzeitig zu zeigen. Inspiriert wurde sie vom Schaffen des französischen Malers Paul Cézanne. Eine weitere wichtige Strömung der Moderne war der Futurismus, der Technik, Geschwindigkeit und Bewegung bildlich darstellte.

GEOMETRISCHE FORM

1907 besuchten der Spanier Pablo Picasso und der Franzose Georges Braque eine Ausstellung von Cézannes Werken in Paris. Das dort Gesehene veranlasste sie dazu, Gemälde aus zerstückelten Formen zu schaffen. Wie Cézanne versuchten die beiden Künstler, in der Natur vorkommende, einfache geometrische Formen wie Rechtecke und Dreiecke wiederzugeben.

◂ ***Porträt des Verlegers Eugène Figuière***, 1913, Albert Gleizes
Bei diesem Porträt ist das Motiv in Einzelformen zerlegt und verschmilzt mit dem Hintergrund.

VERSCHIEDENE AUGENPUNKTE

Kubistische Werke zeigen das Motiv gleichzeitig aus verschiedenen Blickwinkeln. Oft werden Hinweise auf das Thema oder die Ausrichtung des Gemäldes gegeben. 1911 beschrieb der französische Kunstkritiker Louis Vauxcelles die Bilder als „kleine Kuben“, und der Name Kubismus blieb haften.

▸ ***Geige und Palette***, 1909, Georges Braque
Die zersplitterte Darstellung der Geige auf diesem Gemälde ist typisch für kubistische Werke.

► ***Die Stadt erhebt sich***, 1910, Umberto Boccioni
Dieser italienische Maler feiert den Bau einer Stadt. Die Figuren sind verschwommen, um den Eindruck zu erwecken, dass sie in Bewegung sind.

1909 rief der italienische Dichter Filippo Tommaso Marinetti auf der Titelseite einer Zeitung den Futurismus ins Leben.

VORWÄRTSGEWANDT

Die erste futuristische Ausstellung fand 1911 im italienischen Mailand statt. Die Maler, Bildhauer, Schriftsteller, Architekten und Designer des Futurismus interessierten sich für moderne Technik. Sie erklärten unter anderem, dass die alte Kunst zerschlagen werden müsse, um Platz für neue Kunst für eine moderne Welt zu schaffen.

ZERSPLITTERTE FORMEN

Mit zersplitterten Formen und leuchtenden Farben verdeutlichten die Maler des Futurismus die Geschwindigkeit neuer Maschinen, wie Automobile. Ihre Werke fingen die Geschäftigkeit der modernen Stadt ein und lehnten klassische Vorstellungen von der Schönheit und Harmonie der natürlichen Welt ab.

▲ ***Automobile in Corsa***, 1912, Luigi Russolo
Der Italiener Russolo malte ein Auto, das durch Schallwellen braust, um ein Gefühl von Geschwindigkeit zu vermitteln.

Pablo Picasso

Picasso mit 90 Jahren in seinem Atelier

Der Spanier Pablo Picasso war einer der einflussreichsten Künstler des 20. Jahrhunderts und gilt als Begründer und Former verschiedener Stilrichtungen und Kunstströmungen. Schon in jungen Jahren gab er den realistischen Stil auf und veränderte das Gesicht der modernen Kunst. Im Lauf seines langen Lebens schuf Picasso mehr als 20 000 Werke, darunter Zeichnungen, Gemälde und Skulpturen.

KRIEGSGRÄUEL

1937, während des spanischen Bürgerkriegs, bat die spanische Regierung Picasso, ein Bild für eine große Ausstellung in Paris zu malen. Er schuf ein riesiges Gemälde, das die furchtbare Zerstörung der spanischen Stadt Guernica nach einer Bombardierung zeigt.

MULTITALENT

Picasso ließ sich von allem inspirieren, was ihn umgab, ob afrikanische Masken, Spielzeug oder impressionistische Bilder. Besonders beeindruckten ihn die Werke des französischen Malers Paul Cézanne. Neben Tausenden Gemälden schuf Picasso auch Kostüme und Kulissen für Ballettaufführungen, Keramiken und Skulpturen.

◀ ***Guernica***, 1937
Picassos verzerrte Figuren drücken das Leid während des spanischen Bürgerkriegs aus.

LEBENSDATEN

1881–1895	1896–1904	1905–1906	1907
Picasso wird in Málaga (Spanien) geboren. Ab 1895 lehrt sein Vater an einer Kunstschule in Barcelona, wo Picasso zu studieren beginnt.	Picasso studiert Kunst in Madrid. 1900 reist er mit einem Freund nach Paris. Als sein Freund stirbt, malt Picasso traurige blaue Bilder. Das ist seine Blaue Periode.	Ab 1905 malt Picasso Zirkus- und Karnevalsfiguren, hauptsächlich in Rosa. Das wird als Rosa Periode bekannt. 1906 begegnet er dem französischen Maler Henri Matisse.	Picasso wird von afrikanischen Skulpturen und den Gemälden Cézannes inspiriert. Er malt *Les Demoiselles d'Avignon* und trifft Georges Braque.

▲ ***Jeune fille endormie***, 1935
Picasso erfand viele ausdrucksstarke Stile und verwendete kräftige und außergewöhnliche Farben. Die schlafende Figur ist seine Muse Marie-Thérèse Walter.

1908–1923	1924–1938	1939–1947	1948–1973
Picasso und Braque erfinden den Kubismus. Ab 1914, als der Erste Weltkrieg tobt, malt Picasso im klassizistischen Stil.	Der Surrealismus entsteht. 1936 beginnt der spanische Bürgerkrieg. Die Stadt Guernica wird bombardiert. Picasso hält das Grauen in einem großformatigen Bild fest.	Der Zweite Weltkrieg bricht aus und endet 1945. 1941 schreibt Picasso ein Theaterstück, 1945 entstehen Lithografien. 1947 übersiedelt er nach Südfrankreich.	1958 kauft Picasso ein Schloss in Frankreich. Bis zu seinem Tod im Alter von 91 Jahren malt und druckt er und fertigt Skulpturen und Keramiken an.

Neue abstrakte Stile

Anfang des 20. Jahrhunderts bildeten sich in der Kunst ganz Europas neue, abstrakte Stilrichtungen heraus. Die Gemälde des Suprematismus kamen mit Geraden oder geometrischen Formen aus, während die Kunst des Neoplastizismus noch weiter ging und nur noch aus senkrechten oder waagerechten schwarzen Geraden und rechteckigen Farbflächen bestand.

◂ ***Schwarzes Quadrat***, 1915, Kasimir Malewitsch *Für Malewitsch war dieses Gemälde „reine" Kunst.*

ÜBERLEGENE SCHLICHTHEIT

Unter dem Eindruck des Kubismus und Futurismus versuchte der russische Künstler Kasimir Malewitsch, seine Bilder auf das Wesentliche zu reduzieren und einfache Formen und Farben zu verwenden. Er glaubte, sein neuer Stil sei der Kunst der Vergangenheit überlegen, und nannte ihn Suprematismus.

EINE WELT NEUER IDEEN

Der Suprematismus war vorrangig eine russische Bewegung, beeinflusste aber auch die abstrakte Kunst in aller Welt. Russische Malerinnen und Maler des Suprematismus, wie Malewitsch und Xenia Boguslawskaja, waren eng mit den italienischen Futuristen verbunden. Beide Gruppen versuchten, alte Ideen zu überwinden.

„DER STIL“

1917 gründete der niederländische Maler, Designer, Autor und Kritiker Theo van Doesburg die aufregende Zeitschrift *De Stijl* (Der Stil), die sich mit neuen Ansätzen in Kunst und Architektur beschäftigte. Der ebenfalls aus den Niederlanden stammende Maler Piet Mondrian beschrieb darin seine Vorstellungen von einer „reinen“ Kunstform.

▲ ***De Styl***, 1950, Vilmos Huszár
Der Ungar Huszár entwarf das Titelbild für die erste Ausgabe von De Stijl *im Jahr 1917. Dieses Gemälde ist von seinem ursprünglichen Entwurf inspiriert.*

Mondrian war der Meinung, dass seine stark vereinfachten Gemälde die von ihm so bezeichneten „Grundformen der Schönheit“ offenbaren.

◀ ***Flug eines Flugzeugs***, 1916, Olga Rozanowa
Diese russische Suprematistin vermittelte mit leuchtenden Farben und gezackten Kanten den Eindruck einer Aufwärtsbewegung.

FARBFLÄCHEN

Piet Mondrians von Kubismus, Suprematismus und Van Doesburg geprägte Malweise wurde nach der oben erwähnten Zeitschrift *De Stijl* genannt, obwohl er sie selbst als Neoplastizismus bezeichnete. Mondrian reduzierte alles auf senkrechte und waagerechte schwarze Geraden auf glatten, weiß grundierten Leinwänden und kolorierte manche Flächen mit Primärfarben oder Grau.

▶ ***Tableau 1***, 1921, Piet Mondrian
Dieses Bild ist eine Abkehr von der klassischen, gegenständlichen Kunst.

Dada und Surrealismus

Als der Erste Weltkrieg ausbrach, gründete eine Gruppe von Kunstschaffenden aus Wut über den sinnlosen Verlust von Menschenleben eine „Anti-Kunst"-Bewegung, die sie Dada nannte. Nach dem Krieg entstand eine neue Stilrichtung, der Surrealismus, der vom Dadaismus inspiriert war. Surrealistische Bilder gaben die Welt der Träume wieder.

PROTESTKUNST

Der Dadaismus war ein Protest gegen die Gräuel des Kriegs und die Menschen, die es so weit hatten kommen lassen. Die dadaistischen Kunstschaffenden veranstalteten Konzerte und andere Auftritte, verfassten Essays und Gedichte und schufen absurde oder derbe Kunst. Damit wollten sie das Publikum schockieren und beleidigen.

▲ ***L.H.O.O.Q.***, 1919, Marcel Duchamp
Der französische Künstler Duchamp verzierte eine billige Kopie der Mona Lisa *mit einem Schnurrbart, eine typisch dadaistische Satire.*

DIE TRAUMWELT ERKUNDEN

Der Surrealismus ist eine literarische und künstlerische Strömung, die 1924 in Paris aufkam. Er war vom Dadaismus und dem Werk des österreichischen Arztes und Psychoanalytikers Sigmund Freud beeinflusst, der sich mit unbewussten Gedanken und der Bedeutung von Träumen beschäftigte.

◄ ***Der Menschensohn***, 1964, René Magritte
In einem realistischen Malstil stellte Magritte Gegenstände in ungewöhnlichen Größen und an unerwarteten Orten dar. Auf diesem Bild macht er den Mann durch einen schwebenden Apfel unkenntlich.

REALISTISCH, ABER BEFREMDLICH

Einige Surrealistinnen und Surrealisten malten realistisch anmutende, vertraute Gegenstände in seltsamen, traumähnlichen Situationen. Der Spanier Salvador Dalí, der Belgier René Magritte und der Franzose Yves Tanguy bedienten sich dieses einzigartigen Stils und bewiesen dabei großes künstlerisches Talent.

▲ ***Die Beständigkeit der Erinnerung***, 1931, Salvador Dalí
Dalí beschrieb seine seltsamen, aber wirklichkeitsnahen surrealistischen Bilder als „handgemalte Traumfotografien". Hier schmelzen Uhren in einer kargen Landschaft.

Marcel Duchamp verwendete den Begriff „Anti-Kunst" erstmals 1913. Er wollte die Vorstellungen von dem, was als Kunst galt, verändern.

▸ ***Karneval des Harlekins***, 1924–1925, Joan Miró
Dieser surrealistische Künstler malte farbenfrohe, fantasievolle Bilder aus dem Unbewussten und schuf damit spielerisch anmutende Szenen.

AUTOMATISCHE MALEREI

Eine andere Spielart des Surrealismus ließ sich vom Unbewussten leiten. Das nannte man Automatismus. Der Spanier Joan Miró und der Schweizer Paul Klee arbeiteten oft auf diese Weise. Miró behauptete, er habe nicht gegessen und in einem tranceartigen Zustand gemalt, weil er so hungrig war.

Georgia O'Keeffe

Georgia O'Keeffe im Jahr 1956

Die US-amerikanische Malerin Georgia O'Keeffe wurde auf einer Farm in Wisconsin geboren und war von Künstlern wie Auguste Rodin und Henri Matisse, aber auch vom Jugendstil beeinflusst. In ihrer langen Laufbahn schuf sie über 2000 Werke, meist von Objekten, die sie in der Natur fand. Sie war eine Wegbereiterin der modernen Kunst.

MALEREI

◂ ***Himmel über Wolken III***, 1965
O'Keeffe war 77 Jahre alt, als sie diese abstrakte Ansicht des Himmels, wie man ihn vom Fenster eines Flugzeugs aus sieht, malte.

EXPERIMENTE MIT ABSTRAKTION

Unter dem Eindruck der Vorstellungen des US-amerikanischen Malers Arthur Wesley Dow über den Einsatz von Linien und Farben zur Darstellung der natürlichen Welt, experimentierte O'Keeffe 1915 mit abstrakten Bildern. Zehn Jahre später war sie mit ihren Ansichten der US-amerikanischen Landschaft berühmt geworden.

GROSSFORMATIGE BLUMEN

1924 begann O'Keeffe große, farbenprächtige Blumen in detaillierten Nahaufnahmen wiederzugeben. Sie befand, wenn es ihr gelinge, eine Blume in großem Format zu malen, könne man deren Schönheit nicht übersehen. Auch wenn O'Keeffe mit Abstraktion experimentierte, basierten ihre Bilder auf natürlichen Objekten wie Muscheln und Knochen. Ab 1929 malte sie immer häufiger in New Mexico. Fasziniert von der Wüstenlandschaft, bildete sie Motive ab, die sie dort fand und beobachtete, wie etwa Tierknochen und Wolkengebilde.

LEBENSDATEN

1887–1902	1905–1911	1912–1915	1916–1928
Georgia O'Keeffe wird als zweites von sieben Kindern geboren. Als sie 18 ist, zieht die Familie nach Williamsburg in Virginia.	O'Keeffe studiert Kunst in Chicago. 1907 wechselt sie zur Art Students' League in New York, wo sie von dem Maler William Merritt Chase unterrichtet wird.	In seiner New Yorker Galerie zeigt der Fotograf und Kunsthändler Alfred Stieglitz Zeichnungen O'Keeffes, die den Einfluss des US-amerikanischen Malers Arthur Wesley Dow zeigen.	Stieglitz organisiert die erste Einzelausstellung von O'Keeffe. Sie besucht erstmals New Mexico. 1924 heiraten O'Keeffe und Stieglitz. Ab da malt sie Blumenbilder.

◂ ***Rote Mohnblume Nr. VI***, 1928
O'Keeffe füllte eine meterhohe Leinwand mit dieser leuchtend roten Mohnblume, die Details offenbart, die man bei einer echten, kleinen Blume vielleicht nicht wahrnimmt.

1929–1937	1938–1939	1940–1950	1951–1986
Das Paar lebt in New York. O'Keeffe reist auf die Bermudas und nach New Mexico. Sie malt Blumen für eine Kosmetikfirma.	O'Keeffe erhält einen Ehrentitel – den ersten von vielen – und reist nach Hawaii, um für die Werbeagentur N. W. Ayer and Son Ananas zu malen.	Stieglitz stirbt 1946. 1949 zieht O'Keeffe nach Abiquiú in der Nähe von Santa Fe in New Mexico. Ihre neuen Gemälde sind von der dortigen Wüstenlandschaft inspiriert.	O'Keeffe malt weiter, doch 1971 nimmt ihr Sehvermögen ab. Sie beginnt, Keramiken zu fertigen. Mit 98 Jahren stirbt sie in ihrem Haus in Santa Fe.

Abstrakter Expressionismus

Der ursprünglich als New York School bezeichnete abstrakte Expressionismus war die erste große Kunstströmung, die in den USA entstand. Sie kam in den 1940er-Jahren in New York auf. Die Kunst des abstrakten Expressionismus speiste ihre schöpferischen Ideen aus dem Unbewussten.

▲ ***Frau I***, 1952, Willem de Kooning
Mit schroffen Pinselstrichen schuf de Kooning ein Werk, das bei den Betrachtenden ein Gefühl des Unbehagens hervorruft.

FARBFELDMALEREI

Eine Technik des abstrakten Expressionismus war die sogenannte Farbfeldmalerei. Solche Gemälde entstanden auf riesigen Leinwänden, auf denen große Flächen mit einer, zwei oder drei Farben koloriert wurden, die entweder ineinander übergingen oder getrennt voneinander angeordnet waren.

◂ ***Ohne Titel***, 1964, Mark Rothko
Mit weich aufgetragenen, satten Farben wollte Rothko die Gefühle der Betrachtenden dieses großen Werks von 205 cm × 193 cm anregen.

INNERE GEFÜHLSLAGE

Die Malerinnen und Maler des abstrakten Expressionismus waren oft besorgt über die moderne Welt. Mit ihren Werken drückten sie ihre eigenen Gefühle aus und wollten Emotionen bei den Betrachtenden wecken. Der Künstler Barnett Newman, ein Vertreter der Farbfeldmalerei, schrieb 1948 in einem Essay über die Kunstrichtung: „Statt Kathedralen aus Christus, dem Menschen oder dem ‚Leben' zu erschaffen, erschaffen wir sie [die Kunst] aus uns selbst, aus unseren eigenen Gefühlen."

Viele Kunstschaffende des abstrakten Expressionismus wendeten die surrealistische Methode des Automatismus oder instinktiven Malens an.

▼ ***Merce C***, 1961, Franz Kline
Die Pinselstriche aus dichter schwarzer Farbe von Klines Hommage an den Choreografen Merce Cunningham erinnern an Tanzbewegungen zu Musik mit einem starken Beat.

◀ **Jackson Pollock bei der Arbeit**
Beim Action Painting bewegte sich Pollock um die Leinwand herum, ohne sie mit dem Pinsel zu berühren.

GEMEINSAME MERKMALE

Obwohl die Anhängerschaft des abstrakten Expressionismus ihren eigenen Stil pflegte, weisen ihre Gemälde mehrere Gemeinsamkeiten auf. Die meisten wurden schnell und auf große Leinwände gemalt. Sie hatten keinen Schwerpunkt, der das betrachtende Auge anzog. Außerdem waren die Bilder flächig gearbeitet, unter Einsatz von reichlich Farbe.

ACTION PAINTING

Der Künstler Jackson Pollock erfand eine völlig neue, energiegeladene Technik für seine Gemälde. Er goss, spritzte und träufelte Anstrichfarbe aus großen Dosen auf riesige Leinwände auf dem Boden unter Zuhilfenahme von Stöcken, Kellen, Messern und seinen Händen. Diese dynamische Malweise wurde als „Action Painting" bekannt.

VERBORGENE FIGUREN
1950 schuf der US-Amerikaner Jackson Pollock, ein Vertreter des abstrakten Expressionismus, das Gemälde *Number 28*, indem er Farbe über die gesamte Leinwand schleuderte und spritzte. Er begann seine Arbeit, indem er Figuren zeichnete, die er anschließend bis zur Unkenntlichkeit überdeckte.

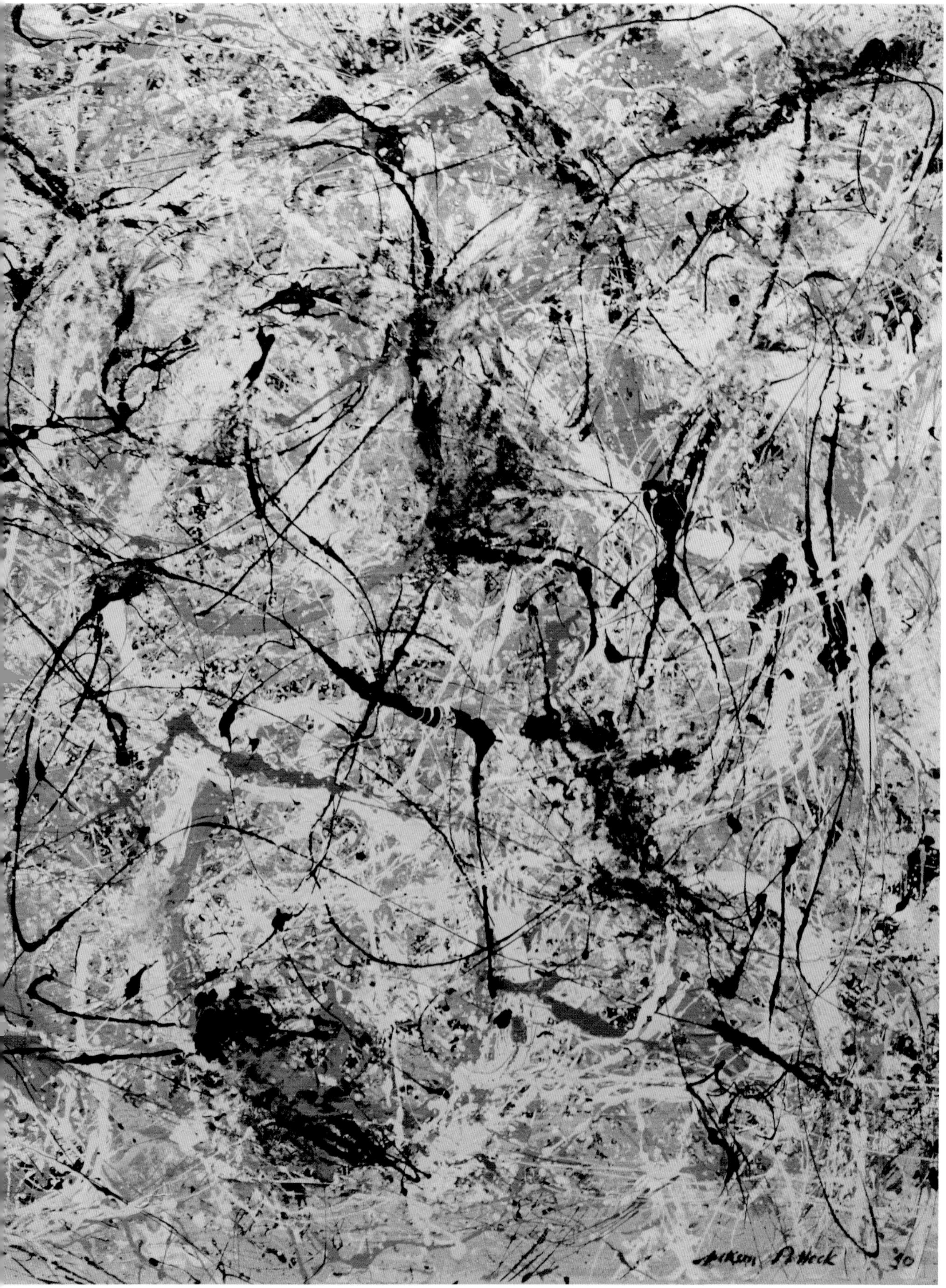
Jackson Pollock '50

Pop- und Op-Art

Die Pop-Art kam in den 1950er-Jahren zunächst in London und dann in New York auf. Sie war verspielt, unkonventionell und griff auf die Bildsprache von Werbung, Fernsehen und Comics zurück. Op-Art, kurz für „Optical Art“, ist ein abstrakter, geometrischer Stil, der in den 1960er-Jahren entstand und auf optischen Täuschungen beruhte.

▼ ***Green Marilyn***, 1962, Andy Warhol
Das Werk dieses US-amerikanischen Künstlers ist geprägt von der Promikultur und den Massenmedien der 1960er-Jahre. Hier wird der Filmstar Marilyn Monroe in grellem Grün dargestellt.

POPKULTUR

In weiten Teilen der westlichen Welt kauften die Menschen ab den 1950er- und 1960er-Jahren vermehrt Massenprodukte. Neue Formen von Musik, Filmen und Waren wurden als „Popkultur“ bekannt. Die plakativen Pop-Art-Gemälde waren bildlicher Ausdruck dieser jungen Kultur.

> Die Werke der Pop-Art bedienten sich der amüsanten Bildsprache der Popkultur und sollten nicht die Gefühle der Kunstschaffenden ausdrücken.

KONSUMGESELLSCHAFT

Einige Künstlerinnen und Künstler begannen, in ihren Werken die moderne Welt widerzuspiegeln. Sie griffen Gegenstände (wie Lebensmittelverpackungen), Personen (wie Filmstars) und Produktionsmethoden (wie Druckverfahren für Zeitschriften) der Popkultur auf. Sie wollten eine Kunst schaffen, mit der sich alle identifizieren und an der sich alle erfreuen konnten.

ÜBERLISTET

Optische Täuschungen sind Bilder, die das Auge austricksen und ihm vorgaukeln, etwas zu sehen, das nicht da ist. Die Op-Art-Künstler und -Künstlerinnen malten zweidimensionale Linien, Formen und Muster, deren Wirkung die Betrachtenden mitunter verwirrend fanden.

◂ ***Blaze 4***, 1964, Bridget Riley
Die britische Künstlerin brachte mit weißen Linien in sich wiederholenden Mustern unser Gehirn dazu, eine Bewegung wahrzunehmen.

▴ ***Vega Orion***, 1971, Victor Vasarely
Der ungarische Op-Art-Künstler verwendete leuchtend farbige Formen, die sich aus der Mitte herauszuwölben scheinen und so die Illusion einer Kugel erzeugen.

PSYCHOLOGISCHE KENNTNISSE

Obwohl die Bilder der Op-Art zweidimensional sind, sollen sie den Eindruck einer Bewegung vermitteln oder uns glauben machen, dass sich das Bild auf uns zu oder von uns weg wölbt. Um diese Effekte zu erzielen, nutzte die Op-Art-Kunst Techniken aus wissenschaftlichen Bereichen wie der Psychologie.

◂ ***Whaam!***, 1963, Roy Lichtenstein
Auf lustig-dramatische Weise spiegeln die riesigen, comicartigen Gemälde dieses amerikanischen Pop-Art-Künstlers die Popkultur der 1960er-Jahre wider.

Gegenwartskunst

Seit Ende des 20. Jahrhunderts ist die Vorstellung davon, was Kunst ist, sehr weit gefasst. Heute ändern sich künstlerische Trends schnell, vielleicht unter dem Einfluss politischer Bewegungen oder der neuen Medien. Die Kunstschaffenden greifen auf Film, Internet und Collage zurück. Sogar aus weggeworfenen Gegenständen entstehen Kunstwerke.

NEUE SICHTWEISEN

Auch heute noch verfolgt die Malerei neue Ansätze. Der britische Künstler Lucian Freud hob die Porträtkunst auf eine andere Ebene, indem er Tausende Stunden mit der Beobachtung des Modells verbrachte auf der Suche nach einer tieferen Wahrheit, die sich dem flüchtigen Blick entzieht. Der schottische Landschaftsmaler Peter Doig lässt sich häufig von Filmen, Fotografien und ausrangierten Postkarten inspirieren.

◂ ***The Architect's Home in the Ravine,*** 1991, Peter Doig
Dieses Gemälde enthält zwei mögliche Motive: die Bäume im Vordergrund und das Haus im Hintergrund.

ABSEITS AUSGETRETENER WEGE

Hauptströmungen des 20. Jahrhunderts wie Dada und Pop-Art griffen auf „kunstfremde“ Materialien von Kleidung bis zu Zeitungsausschnitten zurück. Die Freiheit, mit neuen Materialien zu experimentieren, bringt viele Gegenwartskünstler und -künstlerinnen dazu, alle möglichen Medien auszuprobieren. Einige setzen weiterhin auf klassische Techniken wie Ölmalerei auf Leinwand oder Kalligrafie, während sie sich gleichzeitig auch computergestützte Techniken aneignen, insbesondere im Bereich der digitalen Bildbearbeitung.

▸ ***Miuz Skfe***, 1971, Charles Hossein Zenderoudi
Farbige Zeichen, die einer Schrift ähneln, sind Ausdruck kalligrafischer Experimente des iranischen Künstlers.

REALISTISCH UND ABSTRAKT

Manche zeitgenössische Künstlerin malt entweder realistisch oder abstrakt, während mancher Künstler beide Stile in seinem Werk vereint. So bedient sich die Kunst der australischen Aborigines jahrhundertealter abstrakter Malweisen, um eine Verbindung zwischen ihren Werken und denen früherer Generationen herzustellen.

Die Installationskunst kann ein ganzes Zimmer in ein Kunstwerk verwandeln, um die Art zu verändern, wie Menschen Räume wahrnehmen.

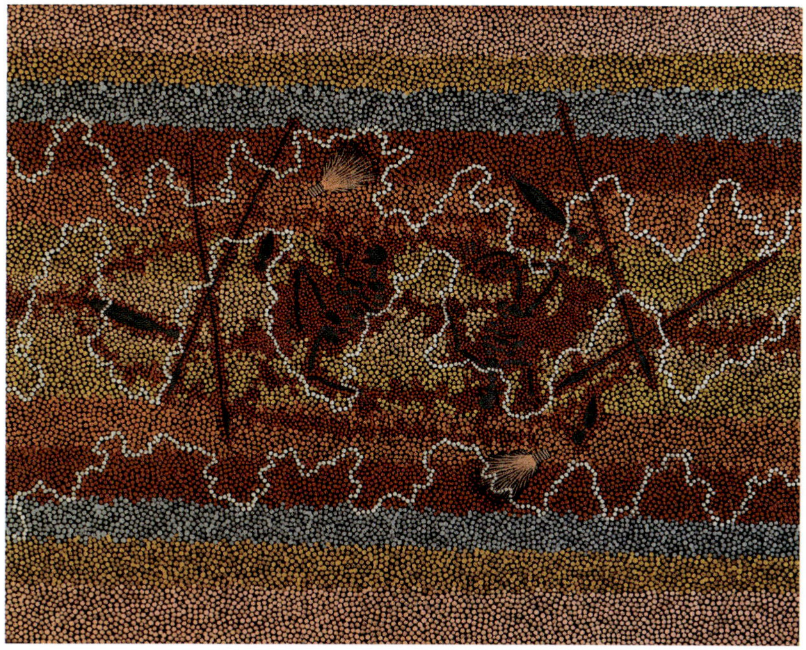

▲ ***Bush Fire Dreaming***, 1982, Clifford Possum Tjapaltjarri
In den 1980er-Jahren ersetzte Tjapaltjarri den Pinsel durch das abgekaute Ende eines Stocks, um präzise Punkte auf Bilder wie dieses aufzutragen.

LEBENSWEGE

Einige Kunstschaffende verarbeiten in ihren Werken historische Ereignisse oder persönliche Erfahrungen. Der deutsche Künstler Gerhard Richter setzt sich durch Malerei und Fotografie mit seiner Kindheit während des Zweiten Weltkriegs auseinander. Der sudanesische Künstler Ibrahim El-Salahi ist von den vielen Orten beeinflusst, an denen er lebte und arbeitete. So kombiniert er oft afrikanische, westliche und arabische Stile, um die Stationen seines Lebens festzuhalten, die er aufgrund der politischen Unruhen in seiner Heimat durchlief.

◄ ***The Tree***, 2003, Ibrahim El-Salahi
Das Motiv dieses Gemäldes, das die Einflüsse des Künstlers verdeutlicht, ist die englische Landschaft, doch die senkrechten Linien stellen die Akazien-Bäume dar, die entlang des Nils im Sudan wachsen.

SKULPTURENPARK
Viele Skulpturen sind im Freien aufgestellt. Dieses *Spiegel* betitelte Werk des spanischen Bildhauers Jaume Plensa ist hier im Yorkshire Sculpture Park in England zu sehen.

BILDHAUEREI

Skulpturen sind dreidimensionale Kunstwerke. Sie stellen oft die menschliche Gestalt dar und sind aus Stein oder Holz gehauen, aus Metall oder Gips gegossen oder aus anderen Materialien geformt.

Antike Bildhauerei

Einige der ältesten prähistorischen Kunstwerke sind aus Stein geformt. Man nimmt an, dass sie eine religiöse Bedeutung hatten. Als frühe Städte ihre Blütezeit erlebten, wurden die ersten monumentalen Skulpturen errichtet. Einige von ihnen, wie die Große Sphinx in Ägypten, stehen noch heute.

In Altägypten glaubte man, dass große Skulpturen in Gräbern und Tempeln über spirituelle Energie verfügten.

GLÜCKSBRINGER

Einige der ältesten Skulpturen, die je gefunden wurden, sind üppige Frauenfigurinen, die vor 30 000 bis 10 000 Jahren in Mitteleuropa gefertigt wurden. Sie haben keine Hände, Füße oder Gesichter. Sie waren klein genug, um in einer Hand gehalten zu werden, und sollten möglicherweise die Fruchtbarkeit von Frauen fördern.

◂ ***Venus von Willendorf***, um 25 000 v. Chr.
Das ist eine Kopie einer Kalksteinskulptur. Sie ist nur 11 cm hoch und wurde nach dem österreichischen Dorf benannt, in dem sie entdeckt wurde.

Die Sphinx ist aus einem Stück Kalkstein gehauen.

SYMBOLSTATUEN

Die altägyptische Kunst kreiste um Gottheiten und das Jenseits. In Tempeln und Grabkammern befanden sich riesige Statuen von ägyptischen Pharaonen, Adligen und Gottheiten sowie kleine Ton- oder Holzstatuetten. Wie Gemälde folgten auch die ägyptischen Skulpturen festen Regeln. Männer waren größer als Frauen, und alle Figuren waren stark stilisiert. Wenn sie stehen, ist der linke Fuß oft nach vorn ausgestellt, wenn sie sitzen, ruhen ihre Hände häufig auf dem Schoß.

▴ **Große Sphinx von Giseh**, um 2500 v. Chr.
Die Sphinx hat einen Löwenkörper und einen Menschenkopf. Ihr Gesicht soll das des ägyptischen Pharaos Chephren darstellen, dessen Pyramide dahinter steht.

WEGWEISEND

Im Perserreich, dem Gebiet des heutigen Iran, entstand eine der ersten Zivilisationen der Welt. Sie brachte eine hoch entwickelte Architektur, Malerei, Bildhauerei und Metallverarbeitung hervor. Die meisten persischen Skulpturen sind in Form von Reliefs an Palastwänden und Felswänden erhalten geblieben.

◂ **Zweiköpfiger Greif**, um 500 v. Chr.
Dieses Fabelwesen war Teil eines großen Gebäudes in der persischen Stadt Persepolis und zeugt von der künstlerischen Fertigkeit seines Schöpfers.

▴ **Olmekischer Kolossalkopf**, vor 900 v. Chr.
Die olmekische Kultur besiedelte das heutige Süd- und Zentralmexiko und formte gewaltige Steinköpfe von bis zu 3 m Höhe.

MESOAMERIKANISCHE KULTUR

Zwischen 1500 v. Chr. und 1200 n. Chr. bevölkerten mehrere Zivilisationen Teile Mittelamerikas, einer Region, die kulturgeschichtlich als Mesoamerika bekannt ist. Wenn eine von ihnen unterging, kam eine andere auf. Spätere Kulturen übernahmen die Vorstellungen von früheren und ergänzten sie mit eigenen Traditionen. Die erste mesoamerikanische Zivilisation war die olmekische Kultur, die riesige Steinstatuen schuf.

Griechisch-römische Bildhauerei

Im Griechenland und Rom der Antike wurden Statuen zu Ehren der wichtigsten Persönlichkeiten der Gesellschaft gefertigt und oft an öffentlichen Orten aufgestellt. Zudem entstanden Figuren, die edle Krieger, Athleten oder Gestalten aus der Mythologie abbildeten. Die Bildhauer rühmten sich ihrer makellos proportionierten Werke.

Die weibliche Figur trägt eine weiche Kappe und spitze Schuhe, die typisch für die etruskische Kleidung waren.

▲ Zusammen speisen
In der etruskischen Gesellschaft tafelten Frauen und Männer gemeinsam bei Banketten. Diese Skulptur verdeutlicht die Zuneigung des Mannes zu seiner Frau.

Ehegatten-Sarkophag von Cerveteri

Aus einer italienischen Zivilisation, die dem Römischen Reich vorausging

- **Entstehungszeit** um 520 v. Chr.
- **Material** Terrakotta

Diese Terrakotta-Skulptur ist etruskisch und stammt aus einer Stadt bei Rom. Da sie eingeäscherte menschliche Überreste enthielt, handelt es sich um einen Sarkophag (Steinsarg). Einst war er in leuchtenden Farben bemalt. Er zeigt ein Ehepaar bei einem Festmahl, was den Gottheiten veranschaulichen soll, welches Leben das Paar im Jenseits führen will.

Kouros und Kore

Ägyptisch beeinflusste griechische Statue

- **Entstehungszeit** um 580 v. Chr.
- **Material** Marmor

Um 800 v. Chr. stand die frühgriechische Bildhauerei unter dem Einfluss Ägyptens. Bis um 615 v. Chr. entstanden zwei Arten von Statuen im ägyptischen Stil. Ein *Kouros* (siehe Abbildung) war eine riesige, frei stehende, nackte, männliche Figur, die ihre Arme seitlich am Körper hielt und ein Bein nach vorn ausstellte. Das weibliche Pendant wurde *Kore* genannt, war aber bekleidet.

Diskobolus (Diskuswerfer)

Viel bewunderte altgriechische Figur

- **Entstehungszeit** 2. Jahrhundert
- **Material** Marmor

Diese lebensgroße Marmorstatue ist eine römische Kopie einer nicht erhaltenen griechischen Bronzeskulptur. Das Original wurde um 460–450 v. Chr. von dem berühmten griechischen Bildhauer Myron geschaffen. Von der viel bewunderten Figur wurden Kopien aus Bronze und aus dem billigeren Marmor angefertigt. Erfolgreiche griechische Künstler signierten ihre Skulpturen und prägten die nachfolgende Bildhauerei in Griechenland und Rom.

Diana von Versailles

Vollkommen proportionierte Figur

- **Entstehungszeit** um 2. Jahrhundert
- **Material** Marmor

Die griechische Bildhauerei strebte nach Vollkommenheit. Vom Beginn der klassischen bis zum Ende der hellenistischen Stilepoche (um 480 v. Chr.–30 v. Chr.) schufen die Künstler wirklichkeitsnahe Figuren. Sie arbeiteten die Proportionen perfekt heraus, verliehen dem Gesicht einen Ausdruck und schufen einen Anschein von Bewegung, indem sie ein Bein leicht vor das andere setzten. Das ist eine später entstandene römische Kopie einer griechischen Skulptur aus jener Zeit.

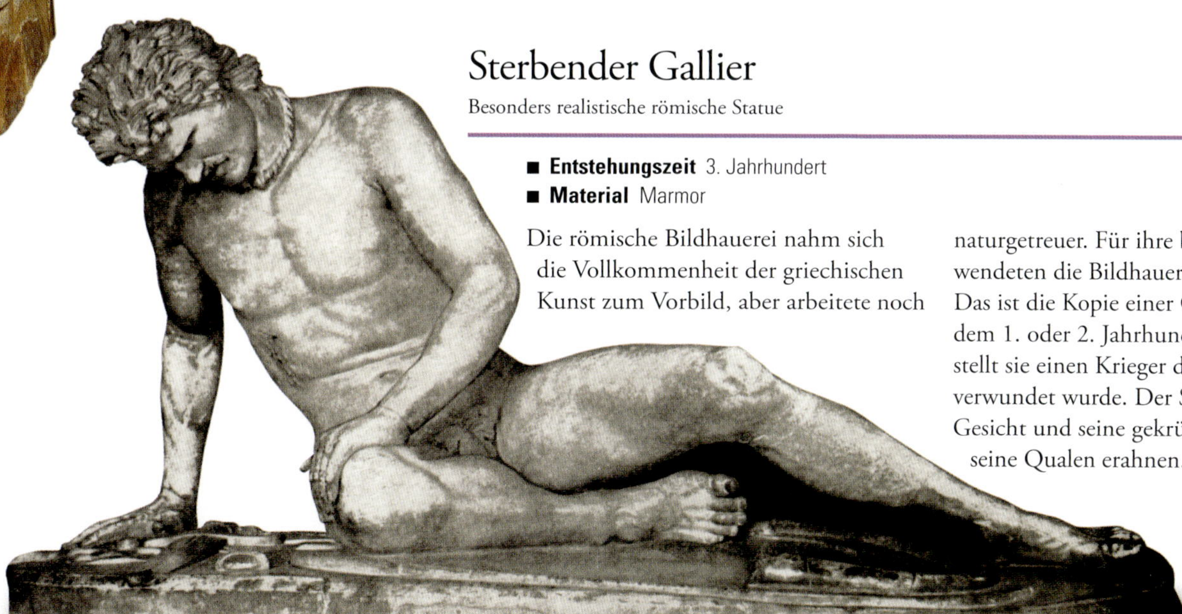

Sterbender Gallier

Besonders realistische römische Statue

- **Entstehungszeit** 3. Jahrhundert
- **Material** Marmor

Die römische Bildhauerei nahm sich die Vollkommenheit der griechischen Kunst zum Vorbild, aber arbeitete noch naturgetreuer. Für ihre besten Skulpturen verwendeten die Bildhauer Bronze und Marmor. Das ist die Kopie einer Originalskulptur aus dem 1. oder 2. Jahrhundert n. Chr. Vermutlich stellt sie einen Krieger dar, der gerade tödlich verwundet wurde. Der Schmerz in seinem Gesicht und seine gekrümmte Haltung lassen seine Qualen erahnen.

TERRAKOTTA-ARMEE
1974 wurden über 6000 lebensgroße Terrakotta-Krieger zufällig beim Brunnenbau im Nordwesten Chinas entdeckt. Sie wurden 210–209 v. Chr. mit dem ersten Kaiser Chinas begraben, um sein Grab zu bewachen und ihn im Jenseits zu schützen. Jeder Krieger hat individuelle Gesichtszüge.

Bildhauerei der Renaissance

Michelangelo formte die *Pietà* aus einem einzigen Marmorblock, einem beliebten Material in der römischen Antike.

Im 15. Jahrhundert wurden in Italien die Überreste altgriechischer und altrömischer Skulpturen freigelegt. Dies inspirierte die italienische Bildhauerei zu einer Wiederbelebung der Kunstvorstellungen der Antike, die äußerste Wirklichkeitsnähe anstrebte. So entstanden Statuen von Heiligen, biblischen und mythologischen Figuren sowie von den Reichen und Mächtigen der damaligen Zeit.

◄ ***Paradiespforte***, 1425–1452, Lorenzo Ghiberti *Diese aus Bronze gefertigten Szenen aus dem Alten Testament sind lebensnah und sehr detailreich.*

PARADIESPFORTE

1425 erhielt der Goldschmied Lorenzo Ghiberti den Auftrag, eine Pforte für das Baptisterium der Kathedrale von Florenz zu gestalten. Die Pforte mit biblischen Reliefszenen ist ein wahres Wunderwerk der Handwerkskunst. Der Renaissancemeister Michelangelo bewunderte sie so sehr, dass er ihr den Beinamen „Paradiespforte" gab.

NATÜRLICHE SCHÖNHEIT

Michelangelo gilt weithin als der größte Bildhauer der Hochrenaissance. Von 1498 bis 1499 schuf er in Rom eine *Pietà*-Statue (Darstellung der Mutter Maria mit dem Leichnam des gekreuzigten Jesus auf dem Schoß) und verband dabei Schönheit mit Naturalismus. Fünf Jahre später vollendete er in Florenz eine weitere große Marmorstatue, die den biblischen Helden David zeigt.

ÜBERLÄNGTE FIGUREN

Einige Bildhauer, die auf Michelangelo folgten, entwickelten einen eher dekorativen Stil und schufen überlängte Figuren in verdrehten Posen, die dem Manierismus den Weg ebneten. Der führende manieristische Bildhauer war der flämisch-italienische Künstler Giambologna, der Statuen in Positionen fertigte, die den Eindruck von Bewegung entstehen ließen.

◂ ***Pietà***, 1499, Michelangelo
Eine ausdrucksstark, wirklichkeitsnahe, jung wirkende Maria hält ihren toten Sohn Jesus.

Das ist das einzige von Michelangelo signierte Werk.

▸ ***Cosimo de' Medici***, 1594, Giambologna
In Anlehnung an antike römische Statuen hat das Pferd ein Bein erhoben. Cosimo de' Medici war eine einflussreiche Persönlichkeit in Florenz.

▸ ***David***, 1624, Gian Lorenzo Bernini
David in einer drehenden Körperposition ist im Begriff, einen Stein auf Goliath zu werfen.

BAROCKSTIL

Im 17. Jahrhundert wandten sich viele Bildhauer vom Manierismus ab und ahmten Michelangelos starken, energiegeladenen und harmonischen Stil nach. Gian Lorenzo Bernini schuf realistische Figuren im Barockstil, die den Anschein von Bewegung erweckten und Emotionen zum Ausdruck brachten. Er konnte harten, kalten Marmor wie weiches, warmes Fleisch aussehen lassen.

Klassizismus und später

Angeregt durch die Entdeckungen in den verschütteten altrömischen Städten Pompeji und Herculaneum im 18. Jahrhundert, spiegelte die klassizistische Bildhauerei ein neues Interesse an der Kunst der griechischen und römischen Antike wider. Dieser Stil hielt sich bis zum Ende des 19. Jahrhunderts, als die Bildhauerei nach ausdrucksvolleren Formen suchte.

Napoleon als Mars der Friedensstifter

Moderne Figur in antiker Pose

- **Künstler** Antonio Canova
- **Entstehungszeit** 1802–1806
- **Material** Weißer Marmor, vergoldete Bronze

Der Italiener gilt vielen als der größte Bildhauer des Klassizismus. Er war berühmt für seine ruhigen Marmorfiguren, die oft von europäischen Königshäusern beauftragt wurden. Diese riesige Statue zeigt Napoleon I. von Frankreich als römischen Gott Mars. Sie wurde bewusst einer antiken Statue nachempfunden.

▸ **Phrygische Mütze**
Die phrygische Mütze weist Ganymed als Trojaner aus und ist zugleich ein Symbol der Französischen Revolution.

Ganymed tränkt den Adler des Zeus

Szene aus der altgriechischen Mythologie

- **Künstler** Bertel Thorvaldsen
- **Entstehungsjahr** 1817
- **Material** Marmor

Das ist eine Skulptur von Ganymed, einem Helden aus der griechischen Mythologie. Er kniet nieder, um Zeus in Gestalt eines Adlers zu tränken. Im Mythos wurde Ganymed von den Göttern auserwählt, der Mundschenk des Götterkönigs Zeus zu sein. Der klassizistische dänische Bildhauer Thorvaldsen demonstriert mit diesem Werk seine Fähigkeit, reine, klassische Konturen zu formen.

Triumph der Republik

Patriotisches und symbolisches Werk

- **Künstler** Jules Dalou
- **Entstehungszeit** 1879–1899
- **Material** Bronze

Die Werke dieses französischen Bildhauers sind sowohl symbolisch als auch realistisch. Die fließende, ausladende Skulptur geht über die kühlen, klaren Konturen des klassizistischen Stils hinaus. Für die riesige Bronzestatue benötigte Dalou 20 Jahre. Die Frauenfigur, die auf der Weltkugel balanciert, symbolisiert die Republik Frankreich. Die Löwen und anderen Figuren in ihrem Gefolge stehen für Freiheit, Arbeit und Gerechtigkeit.

◂ **Nachdenkliche Pose**
Rodins männlicher Akt sitzt auf einem Felsen und stützt sein Kinn auf eine Hand, als ob er nachdenken würde. Er wird oft als Sinnbild der Philosophie angesehen.

Der Denker

Sehr einflussreiches Werk

- **Künstler** Auguste Rodin
- **Entstehungsjahr** 1903
- **Material** Bronze

Im Verlauf des 19. Jahrhunderts wandten sich viele Künstler vom Klassizismus ab und schufen emotionsgeladenere Werke. Ab den 1860er-Jahren verband Rodin klassische Stile und Techniken mit einer natürlicheren Anmutung. Die originellen, ausdrucksstarken Skulpturen des französischen Bildhauers waren äußerst lebensnah. Anfangs stieß sein Realismus auf Kritik, doch um 1900 war er der berühmteste Bildhauer der Welt.

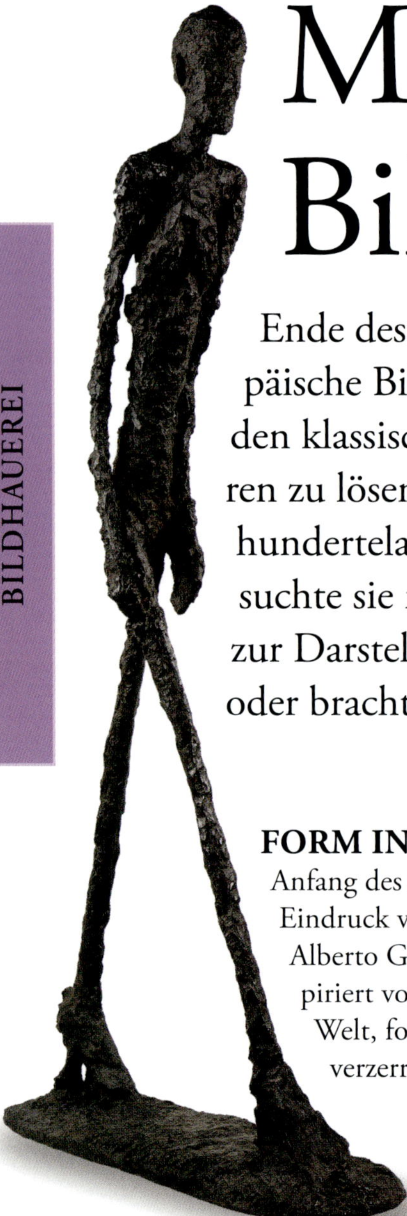

Moderne Bildhauerei

Ende des 19. Jahrhunderts begannen einige europäische Bildhauerinnen und Bildhauer, sich von den klassischen Formen altgriechischer Skulpturen zu lösen. Nachdem die Bildhauerei jahrhundertelang Naturtreue angestrebt hatte, suchte sie nun nach neuen Möglichkeiten zur Darstellung der menschlichen Gestalt oder brachte abstrakte Formen hervor.

FORM IN BEWEGUNG

Anfang des 20. Jahrhunderts entstanden Skulpturen, die den Eindruck von Bewegung erweckten. Der Schweizer Bildhauer Alberto Giacometti schuf dünne, schreitende Figuren. Inspiriert vom Lärm und der Geschwindigkeit der modernen Welt, formte der italienische Futurist Umberto Boccioni verzerrte Figuren, die sich zu bewegen schienen.

◂ ***Der schreitende Mann I***, 1960, Alberto Giacometti
Diese 1,80 m große, spindeldürre Figur aus Bronze hat einen Gesichtsausdruck grimmiger Entschlossenheit.

WAS IST KUNST?

Während des Dadaismus (siehe S. 158) wollte der französische Künstler Marcel Duchamp ein einfaches Urinal als Kunstwerk *Brunnen* ausstellen. Duchamp führte den Begriff des „Readymade“ oder „Objet trouvé“ (gefundenes Objekt) ein. Für ihn war die Idee hinter einem Werk wichtiger als Kunstfertigkeit. Dieser Ansatz ist heute als „Konzeptkunst“ bekannt.

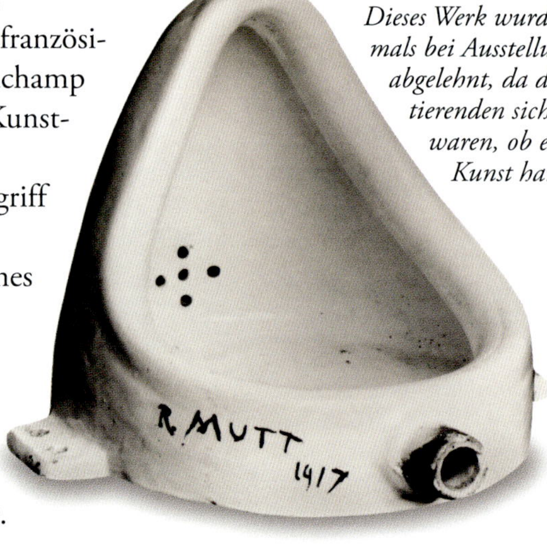

▾ ***Brunnen***, 1917, Marcel Duchamp
Dieses Werk wurde mehrmals bei Ausstellungen abgelehnt, da die Kuratierenden sich uneins waren, ob es sich um Kunst handelt.

▼ ***Familiengruppe***, 1949, Henry Moore *Auch wenn sie abstrahiert sind, sind diese glatten Formen klar als Mutter, Vater und Kind erkennbar.*

Moore verglich menschliche Körper mit Landschaften.

LOUISE BOURGEOIS

Die französische Bildhauerin Louise Bourgeois wurde vom Familienleben ihrer Kindheit geprägt. Ein Großteil ihrer Kunst war sehr persönlich und behandelte Themen wie Treue und Häuslichkeit. Oft verwendete sie Elemente aus der Natur, wie Insekteneier, Pflanzen oder Innereien, als Sinnbilder für Weiblichkeit, Schönheit und Schmerz.

▲ ***Maman***, 1999, Louise Bourgeois *Bourgeois formte diese gewaltige Spinne aus Edelstahl als Symbol für die Stärke ihrer Mutter als Hausfrau und Weberin.*

1991 erweiterte der britische Künstler Damien Hirst die Grenzen der Bildhauerei und stellte einen toten Hai in einem Becken aus.

HENRY MOORE

Unter Verwendung traditioneller Materialien wie Holz, Bronze und Stein fertigte der britische Künstler Henry Moore Skulpturen, die erkennbare Objekte darstellten, jedoch in vereinfachter Form. Für Moore war es gleich wichtig, die für die Herstellung eines Werks verwendeten Materialien wie dessen Motiv zu präsentieren. Außerdem hatte der Raum um eine Skulptur für ihn Bedeutung, weshalb viele seiner Arbeiten in großen Außenflächen ausgestellt werden.

Barbara Hepworth

Hepworth 1964 bei der Arbeit in ihrem Atelier

Die britische Künstlerin feierte zu einer Zeit künstlerische Erfolge, als Frauen in der Bildhauerei eine Ausnahme waren. Ihr Frühwerk kreiste um die Darstellung von menschlichen Figuren und Tieren. Internationale Bekanntheit erlangte sie aber mit ihren späteren, abstrakteren Werken, in denen sie natürliche Formen vereinfachte. Sie war eine Meisterin des „Direct Carving“, bei dem die Skulptur ohne Vorlage aus Holz oder Stein gearbeitet wird.

FAMILIENANGELEGENHEITEN

Viele von Hepworths frühen Werken basieren auf dem Thema Mutter und Kind und spiegeln ihre eigenen Erfahrungen mit ihren vier Kindern wider. Einige Skulpturen stellen Familienbeziehungen dar und symbolisieren Wärme, Liebe und Schutz. Hepworth sagte, sie wolle das „Leben“ der von ihr verwendeten Materialien freisetzen und deren Eigenschaften von Form, Farbe und Oberfläche hervorheben.

▲ ***Mutter und Kind***, 1934
Dieses Werk entstand aus zwei einzelnen Teilen, die miteinander in Verbindung stehen. Der größere Teil ist die Mutter und der kleinere im Vordergrund das Kind.

VON DER NATUR INSPIRIERT

Schon früh war Hepworth von den Formen der Natur fasziniert und beschloss bereits in jungen Jahren, Bildhauerin zu werden. Sie bearbeitete alle Arten von Stein, wie Marmor, und verwendete auch Bronze und Messing. Sie ließ sich von der Landschaft inspirieren, insbesondere von alten Steinen und den Konturen und Texturen von Pflanzen, Felsen und Hügeln.

LEBENSDATEN

1903–1920	1921–1925	1926–1932	1933–1936
Hepworth wird 1903 in England geboren. Sie besucht die Leeds School of Art, wo sie dem Bildhauer Henry Moore begegnet.	Hepworth studiert Bildhauerei am Royal College of Art in London und anschließend im italienischen Florenz. Dort lernt sie, wie man Marmor bearbeitet.	Hepworth und ihr erster Mann, der britische Bildhauer John Skeaping, gründen in London ein Atelier. Sie trifft den britischen abstrakten Maler Ben Nicholson, den sie 1938 heiratet.	Hepworth, Nicholson und der Künstler Paul Nash gründen die Künstlergruppe Unit One. In dieser Zeit wird Hepworths Werk immer abstrakter.

▲ ***Pelagos***, 1946
Diese aus Holz geformte Skulptur ist der Ansicht einer Bucht in der Nähe von St. Ives in England nachempfunden, wo Hepworth lebte und arbeitete. Ihr Titel bedeutet „Meer" auf Griechisch.

1937–1938	1939–1949	1950–1959	1960–1975
Hepworth gestaltet ein Buch über den Konstruktivismus, der Kunst und Design in den Dienst des Gemeinwohls stellte.	Hepworth zieht mit ihrer Familie nach Cornwall im Südwesten Englands.1949 gründet sie zusammen mit Nicholson die Penwith Society of Arts.	Hepworth arbeitet neben Stein auch mit Bronze. Sie fertigt eine Skulptur für das Festival of Britain: zwei Steinfiguren, die in der Londoner South Bank aufgestellt werden.	Hepworth kauft ein großes Gebäude in der Nähe ihres Ateliers in St. Ives und arbeitet dort an großformatigen Skulpturen. Sie stirbt im Mai 1975.

FOTOGRAFIE

NICKERCHEN BEI DER ARBEIT
Das Dokumentarfoto des US-Amerikaners Charles C. Ebbets zeigt Bauarbeiter, die 1932 hoch über New York auf einem Wolkenkratzerträger schlafen.

Fotografie ist ein optisches Verfahren zur dauerhaften Aufzeichnung eines Bilds auf einem lichtempfindlichen Medium. Um 1820 erfunden, entwickelte sie sich zu einer wichtigen Kunstform.

Frühe Fotografie

Bereits im 4. Jahrhundert v. Chr. war das Prinzip der „Camera obscura“ bekannt. Dabei erzeugt Licht, das durch ein winziges Loch in einen dunklen Raum fällt, ein Bild an der Wand. Mit der Zeit wurde dieses Gerät immer kleiner und war seit Ende des 17. Jahrhunderts tragbar. Ab 1819 verwendeten Kameras lichtempfindliche Chemikalien, um ein Bild auf einer Metall- oder Glasplatte zu „fixieren“. Das war der Beginn der Fotografie.

◂ ***Blick aus dem Fenster im Gutshof Le Gras***, 1826, Joseph Nicéphore Niépce
Der französische Erfinder schuf die früheste bekannte lichtbeständige Fotografie mit einer Belichtungszeit von acht Stunden.

DIE ERSTEN FOTOGRAFIEN

Um die ersten Fotografien herzustellen, mussten die lichtempfindlichen Chemikalien stundenlang dem Licht ausgesetzt werden. Die Dauer der Belichtung bedeutete, dass nur statische Objekte wie Häuser fotografiert werden konnten. Jede Bewegung führte zu einer Unschärfe.

▴ ***Das Pferd in Bewegung***, 1879, Eadweard Muybridge
Muybridges Experimente mit der Bewegungsfotografie führten schließlich zur Erfindung des Kinos.

BEWEGUNG EINFANGEN

Ende des 19. Jahrhunderts verkürzte sich die Belichtungszeit durch verbesserte Chemikalien deutlich. Damit konnten sich schnell bewegende Motive scharf aufgenommen werden. Der englische Fotograf Eadweard Muybridge zeichnete mit einer Reihe hintereinander aufgestellter Kameras die Beinbewegung eines Pferds beim Galopp auf.

▲ ***Fotograf und Kosaken*****,**
1916, Sergei Prokudin-Gorski
Der russische Chemiker und Fotograf (rechts im Bild) machte Tausende Farbfotografien, die das Leben in seinem Heimatland dokumentieren.

ERSTE FARBFOTOGRAFIEN

Die ersten Kameras konnten nur Schwarz-Weiß-Bilder machen. 1904 erfanden die französischen Brüder Auguste und Louis Lumière die erste kommerziell erfolgreiche Methode zur Herstellung von Farbfotografien. Bei diesem Autochrom genannten Verfahren wurden Farben durch Mischen unterschiedlicher Anteile der drei Primärfarben Rot, Grün und Blau erzeugt.

„Camera obscura“ – gemeinhin als Lochkamera bekannt – ist lateinisch für „dunkler Raum“.

LEBENSMOMENTE

Seit Anfang des 20. Jahrhunderts setzt die Dokumentarfotografie die Macht des Bilds ein, um Geschehnisse, oft in Zeitungen und dem Internet, bildlich festzuhalten. Wenn die tragischen Folgen eines Kriegs oder ein Massenprotest illustriert werden, kann dieser fotografische Stil die Wahrheit hinter einem Ereignis enthüllen und die öffentliche Meinung beeinflussen.

▸ ***Heimatlose Mutter*****,**
1936, Dorothea Lange
Diese US-amerikanische Fotografin dokumentierte die Armut, die durch die Weltwirtschaftskrise in den 1930er-Jahren verursachte wurde. Durch geduldige Beobachtung konnte sie die Verzweiflung einer Mutter festhalten, die sich fragt, wie sie ihre Kinder ernähren soll.

Tetons – Snake River

Ansel Adams war ein US-amerikanischer Landschaftsfotograf, der hauptsächlich die Wildnis der USA fotografierte. Er arbeitete vorrangig in Schwarz-Weiß und verwendete Großformatkameras. Dieses Foto mit dem Titel *Die Tetons und der Snake River* nahm er 1942 im Grand Teton National Park, Wyoming, auf.

KONTRAST
Der Helligkeitsunterschied zwischen Schatten und Lichtern heißt Kontrast. Er kann eine dramatische Atmosphäre schaffen.

BILDAUFBAU
Die Form des Snake River, der sich durch das Foto schlängelt, lenkt das Auge auf die Bergkette im Hintergrund.

STURM-WOLKEN
Unbeständiges, stürmisches Wetter erzeugt spektakuläre Lichteffekte. Adams wartete auf solche Bedingungen, um Momente wie diesen einzufangen.

HINTERGRUNDDETAIL
Der Teton-Gebirgszug ist Teil der Rocky Mountains. Der höchste Gipfel, der Grand Teton, ist 4199 m hoch.

FOTOGRAFIE

NATIONALPARKS

Adams setzte sich für den Ausbau des Nationalparksystems der Vereinigten Staaten ein. Seine Fotografien veranschaulichten, was verloren gehen würde, wenn man die Wildnis des Landes nicht schützt. Dank seiner Bemühungen, sowohl als Fotograf als auch als unermüdlicher Aktivist, wurden zu seinen Lebzeiten mehrere neue Nationalparks eingerichtet.

VORDERGRUND-DETAIL
Die geringe Größe der Kiefern im Vordergrund verdeutlicht die gigantischen Ausmaße des Teton-Gebirgszugs.

Entwicklung der Kamera

Kameras haben sich von den einfachen Holzkisten des 19. Jahrhunderts zu den heutigen hoch entwickelten Geräten entwickelt, die in der Lage sind, Bilder sofort weltweit zu versenden. Die größte Veränderung in den letzten zwei Jahrzehnten war der Übergang von der Verwendung lichtempfindlicher Filme zu Kameras mit eingebauten digitalen Sensoren.

Plattenkamera

Zeichnete Bilder auf Glasplatten mit einer lichtempfindlichen Schicht auf

- **Entstehungszeit** 19. Jahrhundert
- **Herkunftsland** Großbritannien
- **Verwendetes Material** Glasplatte

Frühe Fotografien entstanden auf Glasplatten, die dünn mit einer lichtempfindlichen Emulsion beschichtet waren. Diese Emulsion war teuer und gefährlich in der Handhabung. Wer fotografierte, musste sich mit Chemie auskennen. Das Licht fiel durch ein Objektiv auf der Vorderseite in die Kamera und erzeugte ein Bild auf der Platte auf der Rückseite. Durch eine Gleitschiene konnte man den hinteren Teil der Kamera hin- und herbewegen, um das Bild scharf zu stellen.

Box Brownie

Erste Rollfilm-Kastenkamera

- **Entstehungsjahr** 1900
- **Herkunftsland** USA
- **Verwendetes Material** Rollfilm

Anders als die sperrigen Plattenkameras war George Eastmans relativ erschwingliche Kodak Brownie tragbar. So kam der „Schnappschuss“ auf. Die Kamera verwendete einen Rollfilm, der zur Fotoentwicklung an ein Labor geschickt wurde. Die Kompaktkamera machte die Fotografie massentauglich. Und tatsächlich lautete der berühmte Kodak-Slogan: „Sie drücken den Knopf, wir machen den Rest.“

Sucherkamera von Leica

Klein und handlich

- **Entstehungsjahr** 1924
- **Herkunftsland** Deutschland
- **Verwendetes Material** Rollfilm

Mit der Entwicklung kleinerer Filmrollen zu Beginn des 20. Jahrhunderts wurden wesentlich handlichere Kameras möglich, wie die „Schraubleica“. Mit ihr ließen sich Entfernungen messen und die Bildschärfe einstellen. Wegen ihrer geringen Größe setzte sie sich in der Straßenfotografie rasch durch.

Einäugige Spiegelreflexkamera

Kamera der Wahl der professionellen Fotografie

- **Entstehungszeit** 1930er-Jahre
- **Herkunftsland** Japan
- **Verwendetes Material** Rollfilm

Die einäugige Spiegelreflexkamera (SLR) ermöglicht den Fotografierenden mithilfe einer präzisen Technik einen genaueren Blick durch den Sucher. Anstatt wie bei anderen Kameras durch einen separaten Sucher an der Seite zu schauen, blickt man direkt durch das Objektiv der Kamera und sieht, welcher Bildausschnitt aufgenommen wird. Das Licht des Objektivs wird von einem Spiegel auf den Sucher reflektiert. In dem Moment, in dem das Foto aufgenommen wird, wird der Spiegel weggeklappt, damit der Film belichtet werden kann.

Digitalkamera

Die Fotografie wird digital

- **Entstehungsjahr** 1975
- **Herkunftsland** USA
- **Verwendetes Material** Speicherkarte

Digitalkameras erstellen Fotografien mithilfe eines Sensors und legen sie als digitale Dateien auf einer Speicherkarte in der Kamera ab. Die Fotos können dann auf einen Computer oder ein Tablet kopiert werden, um sie über das Internet zu teilen oder mit einem preiswerten Heimdrucker auszudrucken.

Um ein Foto aufzunehmen, wird der Auslöser gedrückt.

Das Objektiv wird durch eine eingebaute elektronische Objektivabdeckung geschützt, wenn die Kamera nicht benutzt wird.

Ein Farbdisplay zeigt genau an, wie das Foto aussehen wird.

Polaroid

Sofortbildfotografie

- **Entstehungsjahr** 1948
- **Herkunftsland** USA
- **Verwendetes Material** Packfilm

Für Fotoabzüge wurden Glasplatten oder Rollfilme in einer chemischen Lauge entwickelt. Die Polaroid-Sofortbildkamera des US-amerikanischen Erfinders Edwin Land nutzte einen selbstentwickelnden Packfilm, der innerhalb von Minuten nach der Belichtung einen Fotoabzug erzeugte. Das Bild zeichnete sich ab, während man den Film in der Hand hielt.

Foto-Handy

Fotografien im Handumdrehen

- **Entstehungsjahr** 2000
- **Herkunftsland** Japan
- **Verwendetes Material** Speicherkarte

Das erste Foto-Handy aus Japan machte keinen großen Eindruck. Doch 2002 hatte das finnische Unternehmen Nokia ein weltweit beliebtes Handy entwickelt. Heute sind viele Mobiltelefone mit hochwertigen Kameras ausgestattet, und die User können digitale Fotos im Handumdrehen über Social-Media-Seiten im Internet teilen.

Ein „Selfie-Stick" sorgt für scharfe Aufnahmen.

▸ **Twiggy**
Modefotografen wie David Bailey machten das britische Model Twiggy (Lesley Lawson) in den 1960er-Jahren bekannt.

Arten der Fotografie

Wer beruflich fotografiert, hat sich gewöhnlich auf ein Genre spezialisiert. Für den Fotojournalismus muss man unerschrocken sein und schnell viele Fotos machen, oft in gefährlichen Situationen. Wer die Naturfotografie wählt, braucht hingegen Geduld und muss oft tagelang oder wochenlang auf das perfekte Bild warten.

Durch die Modefotografie wurde Twiggy zur Ikone.

PORTRÄTS

Porträtfotografie ist die Kunst, eine Einzelperson oder eine kleine Gruppe von Menschen so zu fotografieren, dass ihre Persönlichkeit zum Ausdruck kommt. Porträtfotos werden in der Regel in einem Studio aufgenommen, sodass die Beleuchtung gesteuert werden kann und sich leichter ein Effekt oder eine Stimmung erzeugen lassen.

▴ **Philippe Halsman**
Dieser US-amerikanische Fotograf ist hier in demselben düsteren, geheimnisvollen Stil abgebildet, mit dem er in den 1940er- und 1950er-Jahren berühmte Persönlichkeiten ablichtete.

MODEAUFNAHMEN

Die Modefotografie präsentiert die neueste Kollektion von Designerinnen und Modeschöpfern oder Modehäusern. Dieser Zweig der Fotografie entstand im 19. Jahrhundert. Im Lauf der Zeit entwickelte er einen eigenen Stil, der sich auf umwerfende Modelle oder exotische Orte stützt, um den Glamour der Kleidung zu unterstreichen. Eine Modefotografie-Sitzung wird als Shooting bezeichnet. Einige Profis der Modefotografie, wie der Brite Norman Parkinson, sind ebenso berühmt geworden wie ihre Modelle.

FOTOJOURNALISMUS

Die Bilder von Fotojournalistinnen und -journalisten illustrieren Nachrichten. Sie arbeiten eng mit Nachrichten- und Zeitungsredaktionen zusammen, damit sie zur richtigen Zeit am richtigen Ort sind. Sie gehen Risiken ein und reisen an gefährliche Orte, um ihre Geschichten zu erzählen. Oft können ihre Bilder mehr vermitteln als ein geschriebener Artikel.

◂ **Padmapukur, Bangladesch**, 2009, Jonas Bendiksen
Die Fotografie kann verdeutlichen, welchen Preis Menschen bei Naturkatastrophen zahlen, wie 2009 bei dieser Flutkatastrophe in Bangladesch.

FOTOGRAFIE

George S. Cook machte die ersten Fotos unter Beschuss während des Sezessionskriegs (1861–1865).

DIE NATUR

Die Landschaftsfotografie fängt die Schönheit der Erde ein, von zerklüfteten Gebirgszügen bis hin zu sengenden Wüsten. Wer sich auf diesen Stil spezialisiert hat, berücksichtigt für eine gelungene Aufnahme die Bildelemente des Vorder- und Hintergrunds, den Fokus und die Lichtqualität.

▾ **Nordlichter, Norwegen**, 2012, Arild Heitmann
Wer die Landschaftsfotografie beherrscht, kann so flüchtige und seltene Naturphänomene wie das Nordlicht im Bild festhalten.

Julia Margaret Cameron

Cameron auf einer Fotografie von 1862

Die britische Pionierin der Fotografie Julia Margaret Cameron schuf Porträts von Familienmitgliedern, dem Freundeskreis und Bediensteten, die noch heute die Fotografie beeinflussen. Ihre Porträts waren oft absichtlich weich und technisch unvollkommen. So konnte sie die Persönlichkeit der Porträtierten besser zur Geltung bringen als mit herkömmlichen Porträts. Sie fotografierte viele berühmte Persönlichkeiten ihrer Zeit und schuf damit eine wertvolle Dokumentation für die Geschichtswissenschaft.

▲ **Annie**, 1864
Die Belichtung dieses Porträts dauerte mehrere Minuten, was bedeutet, dass das Foto leicht unscharf und weich ist – ein Stil, den Cameron für den Rest ihrer Laufbahn beibehielt.

ERSTER ERFOLG

Im Januar 1864 nahm Cameron ein Porträtfoto der achtjährigen Annie Philpot auf. Nach der Fertigstellung des Porträts schrieb Cameron an Annies Vater: „Mein erster vollkommener Erfolg in der Fotografie ist in hohem Maße der Fügsamkeit und Liebenswürdigkeit meines besten und schönsten kleinen Modells zu verdanken.“ Annie war gebeten worden, mehrere Minuten lang still zu sitzen.

▸ **Sir John Herschel**, 1867
Dieser berühmte Astronom war ein langjähriger Freund von Cameron. Bevor er für dieses Porträt vor die Kamera trat, wurde Herschel gebeten, sein weißes Haar zu waschen, damit es sich wie ein Heiligenschein um sein Gesicht anordnete.

BERÜHMTHEITEN

Weil ihre jüngere Schwester Sarah gut vernetzt war, lernte Cameron viele angesehene britische Persönlichkeiten des viktorianischen Zeitalters kennen. Zu den berühmten Persönlichkeiten, die sie fotografierte, gehörten die Wissenschaftler Charles Darwin und John Herschel, der Kunstkritiker John Ruskin und der Dichter Alfred Lord Tennyson. Tennyson war ein häufiges Modell, wenn auch zuweilen wider Willen, weil er in den 1860er-Jahren auf der Isle of Wight in der Nähe von Camerons Haus lebte.

LEBENSDATEN

1815	1815–1835	1835–1838	1838–1848
Julia Margaret Pattle wird am 11. Juni 1815 in Indien geboren. Sie ist das vierte von zehn Kindern von James und Adeline Pattle.	Julia verbringt den Großteil ihrer Kindheit mit ihren Schwestern in Frankreich bei der Großmutter. Ihre Ausbildung ist umfangreicher als damals für ein Mädchen üblich.	1835 wird Julia zur Genesung nach einer Krankheit nach Südafrika geschickt. Dort lernt sie den Wissenschaftler John Herschel kennen, einen Wegbereiter der Fotografie.	1838 heiratet Julia Charles Hay Cameron in Kalkutta. Das Paar hat sechs Kinder, von denen der jüngste, Henry, später Fotograf wird.

1848–1860	1860–1875	1875	1879
Julia und Charles leben in verschiedenen Häusern in Südengland. Julia lernt viele einflussreiche Künstler und Wissenschaftler kennen.	Julia und Charles lassen sich auf der Isle of Wight nieder. 1863 richtet sie ein Atelier ein, nachdem sie von ihrer Tochter eine Fotoausrüstung erhalten hat.	Die Camerons wandern nach Ceylon (heutiges Sri Lanka) aus. Julia Camerons fotografisches Schaffen wird durch den Umzug praktisch beendet.	Julia Cameron stirbt am 26. Januar 1879 in Sri Lanka. Ihr letztes Wort, mit dem sie den Blick aus dem Schlafzimmerfenster beschreibt, ist „schön".

6

MOMENT DES TRIUMPHS
Fotografie kann kürzeste Zeitspannen festhalten, die für das menschliche Auge nicht sichtbar sind. Dieses Foto zeigt den jamaikanischen Sprinter Usain Bolt im 100-Meter-Halbfinale bei den Olympischen Spielen 2016. Es fängt den Moment ein, in dem er merkt, dass die Konkurrenz besiegt ist.

Begriffe

Abstrakte Kunst Anfang des 20. Jahrhunderts entstandener Stil, der Motive oder Emotionen mit Formen und Farben darstellt, statt Menschen, Objekte und Szenen erkennbar abzubilden.

Abstrakter Expressionismus In den 1940er-Jahren in New York aufgekommene Stilrichtung, die großformatige, emotionale Werke hervorbrachte.

Acrylfarbe Auf Kunststoff basierende, schnell trocknende Farbe.

Action Painting Stil, dessen Malprozess ebenso wichtig wie das fertige Werk ist.

Antike Altertum, besonders in Bezug auf Ägypten, Griechenland und Rom.

Aquarell Feine, nicht deckende Wasserfarbe. Bezeichnet auch das Bild, das mit dieser Farbe gemalt wird.

Art Nouveau Siehe Jugendstil.

Augenpunkt Punkt, von dem aus ein Bild betrachtet wird. Definiert außerdem die Position der Horizontlinie.

Automatismus Methode, sich bei der Entstehung eines Kunstwerks vom Unbewussten leiten zu lassen. Kennzeichnend für den Surrealismus.

Barock Pompöser und theatralischer Stil in Kunst und Architektur des 17. Jahrhunderts in Europa und Lateinamerika.

Belichtung In der Fotografie: Lichtmenge, die beim Aufnehmen eines Bilds durch das Objektiv der Kamera fällt.

Bildaufbau Anordnung von Gegenständen oder Menschen auf einem Kunstwerk.

Bilderhandschrift Handgeschriebener Text, vor allem aus dem Mittelalter, der mit detailreichen Bildern und verzierten Buchstaben ausgeschmückt ist.

Bildhauerei Kunstform, die abstrakte oder realistische Figuren aus Stein oder Holz haut, aus Metall oder Gips gießt oder aus anderen Materialien formt.

Chiaroscuro Starker, dramatischer Kontrast zwischen Lichtern und Schatten auf einem Gemälde. Auch als Hell-Dunkel-Malerei bezeichnet.

Collage Bild aus einer Vielzahl von Materialien, die auf einen zweidimensionalen Träger geklebt werden.

Dada Als Reaktion auf die Gräuel des Ersten Weltkriegs entstandene Strömung, die befremdliche und provokante Werke hervorbrachte.

De Stijl Niederländische Stilrichtung, die den Neoplastizismus umfasst und harmonische Formen und Primärfarben betonte.

Diptychon Gemälde, das aus zwei Tafeln oder Teilen besteht.

Druck Bild, das durch Aufpressen einer mit Tusche oder Farbe beschichteten Fläche entsteht.

Expressionismus Stilrichtung, die Anfang des 20. Jahrhunderts aufkam und die mit verzerrten oder übertrieben dargestellten Objekten und Menschen und grellen Farben die Gefühlswelt der Kunstschaffenden ausdrückte.

Farbfeldmalerei Abstrakte Malweise, bei der die Farbe das Motiv des Gemäldes ist, die in großen, flächigen Formen auf die Leinwand aufgetragen wird.

▲ ***Tour Eiffel***, 1926, Robert Delaunay

Farbkreis Kreis, der die Beziehungen zwischen Farben und die unzähligen Schattierungen aufzeigt, die sich durch Mischen von Primär- und Sekundärfarben erreichen lassen.

Fauvismus Stilrichtung Anfang des 20. Jahrhunderts, die durch vereinfachte Formen, kräftige Pinselstriche und leuchtende Farben Lebensfreude ausdrückte.

Fluchtpunkt Ein gedachter Punkt auf einem perspektivischen Bild, an dem sich alle parallel in die Tiefe führenden, geraden Linien schneiden.

Fresko Technik, bei der Pigmente auf den feuchten Wandputz aufgetragen werden.

Futurismus Stilrichtung Anfang des 20. Jahrhunderts, die Maschinen und die moderne Welt verherrlichte.

Gegenständliche Kunst Stil, der Menschen, Objekte und Szenen erkennbar abbildet.

Genremalerei Malerei, die Menschen bei alltäglichen Tätigkeiten zu Hause oder bei der Arbeit zeigt.

Glasmalerei Farbige Glasstücke, die zu geometrischen Mustern oder Abbildungen, etwa von biblischen Figuren, Blumen oder Tieren, zusammengefügt werden.

Goldenes Zeitalter der Niederlande Periode, die den Großteil des 17. Jahrhunderts umfasst und in der die Niederlande die führende Macht Europas in Kunst, Handel und Wissenschaft waren.

Gotik Stil in Kunst und Architektur, der in Westeuropa zwischen dem 12. und 15. Jahrhundert seine Blüte erlebte.

Hieroglyphen Altägyptisches Schriftsystem, das Wortbedeutungen durch Symbole und Bilder vermittelt.

Ikone In der Malerei: Abbildung von Jesus, der Jungfrau Maria oder Heiligen.

Impressionismus Stil, der in Frankreich um 1860 aufkam. Er wollte eine Momentaufnahme eines Motivs wiedergeben, indem er mit schnellen Pinselstrichen Licht- und Farbeffekte einfing.

Japanischer Farbholzschnitt Drucktechnik, bei der ein erhabenes Motiv aus einer Holzplatte herausgearbeitet, anschließend mit Tusche eingefärbt und auf Papier abgedruckt wird.

Jugendstil Dekorativer, floraler Stil, der zwischen den 1890er-Jahren und Anfang des 20. Jahrhunderts beliebt war.

Kalligrafie Kunst des Schönschreibens. Insbesondere in Ostasien und der islamischen Welt wurde Schrift mit Pinsel und Tusche in Kunstwerke verwandelt.

Keramik Objekte aus Ton, wie Töpfe oder Schalen.

Klassisch 1. Beschreibung der altgriechischen und altrömischen Kunst, insbesondere der Bildhauerei. 2. Herkömmlich.

Klassizismus Stil, der von der Kunst und Architektur der griechischen und römischen Antike beeinflusst war. Er kam Ende des 18./Anfang des 19. Jahrhunderts auf.

Kohle Holzkohlestäbchen zum Zeichnen.

Komplementärfarben Farben, die sich auf dem Farbkreis gegenüberliegen, wie Rot und Grün, und mit denen auf einem Bild bestimmte Effekte erzielt werden.

Konzeptkunst Stil, bei dem die Idee hinter einem Kunstwerk oder seine Bedeutung wichtiger ist als sein Erscheinungsbild.

Kubismus Anfang des 20. Jahrhunderts in Europa entstandener Malstil, der Objekte oder Menschen in Fragmente zerlegt und aus mehreren Blickwinkeln gleichzeitig zeigt.

◂ Plattenkamera aus dem 19. Jahrhundert

Kupferstich Eine mit einem spitzen Werkzeug in eine Kupferplatte geritzte Zeichnung, die anschließend eingefärbt und auf Papier abgedruckt wird.

Landschaft Gemälde oder Fotografie eines Ausschnitts der Natur, wie Berge, Flüsse und Felder.

Leinwand Material aus robustem Tuch, das sich als Malgrund eignet.

Luminismus Malweise in den USA im 19. Jahrhundert, die große, ruhige Landschaften mit feinen Lichteffekten schuf.

Manierismus Stil in Malerei und Bildhauerei des 16. Jahrhunderts, der in Italien aufkam. Er porträtierte Menschen üblicherweise in affektierten Posen (elegant, aber übertrieben und unnatürlich).

Mittelalter Epoche in Europa vom 5. Jahrhundert bis Mitte des 15. Jahrhunderts.

Mosaik Bild, das aus kleinen Glas- oder Steinteilen oder anderen harten Materialien zusammengesetzt ist.

Motiv Der Gegenstand eines Bilds oder einer Fotografie.

Naive Malerei Malweise, die ein Bild laienhaft wirken lässt.

Neoplastizismus Abstrakte Malweise, die nur Rechtecke, Geraden und eine begrenzte Anzahl an Farben verwendet.

Ölfarbe Langsam trocknende Farbe aus Farbpigmenten, die mit Öl, beispielsweise Leinöl, angemischt wird.

ANHANG

Op-Art Abstrakter Stil, der mit Farben und Mustern optische Täuschungen erzeugt, etwa den Anschein von Bewegung oder Dreidimensionalität.

Peredwischniki-Bewegung Gruppe russischer Künstler im 19. Jahrhundert, die für das Volk malen und das Leben der einfachen Menschen abbilden wollte.

Perspektive Technik, um etwas Dreidimensionales, wie ein Gebäude oder einen Menschen, auf einer zweidimensionalen Fläche abzubilden.

Petrogramm Prähistorische Felsenmalerei.

Pigment Farbpulver, das mit einem Bindemittel, wie Gummi oder Öl, zu einem Malmittel angerührt wird.

Plattenkamera Alte Kamera, die zur Erzeugung einer Fotografie Glas- oder Metallplatten mit einer lichtempfindlichen Beschichtung statt eines Rollfilms oder einer Speicherkarte verwendet.

Pleinairmalerei Vom französischen *en plein air* (unter freiem Himmel). Bezieht sich auf die Malweise vieler Impressionistinnen und Impressionisten im 19. Jahrhundert, die das natürliche Licht im Freien bevorzugten.

Pointillismus Malweise, bei der winzige Tupfer verschiedener Farben nebeneinandergesetzt werden. Aus der Ferne verschmelzen sie zu einem Bild.

Polaroid-Sofortbildkamera Kamera, die innerhalb kürzester Zeit ein Bild aufnimmt, entwickelt und ausdruckt.

Pop-Art Stil ab den 1950er- und 1960er-Jahren, der auf der modernen Popkultur beruht und sich der Bildsprache von Comics und Werbung bedient.

Porträt Bild oder Fotografie einer Person oder einer Gruppe von Personen. Selbstporträts sind Bilder oder Fotografien, auf denen die Künstlerin oder der Künstler sich selbst abbildet.

Postimpressionismus Sammelbegriff für Kunstströmungen wie den Symbolismus, die auf den Impressionismus folgten.

Präraffaeliten Gruppe britischer Maler, die sich 1848 aus Protest gegen die Royal Academy of Art in London bildete, an der eine traditionelle Malweise gelehrt wurde, die an den Renaissancekünstler Raffael angelehnt war.

Primärfarben Die Grundfarben Rot, Gelb und Blau, aus der sich alle anderen Farben mischen lassen.

Realismus Stilrichtung, die in den 1850er-Jahren aufkam und Leben, Menschen und Alltagsmotive wirklichkeitsnah abbildete.

Renaissance Stilrichtung, die von den künstlerischen Idealen der griechischen und römischen Antike inspiriert war, im 14. Jahrhundert in Italien aufkam und sich in Europa verbreitete. Auch Epoche zwischen dem 14. und 16. Jahrhundert.

Rokoko Leichter, verspielter Stil der Kunst im Europa des 18. Jahrhunderts, der oft hübsche Frauen und elegante Männer in idyllischen Szenen festhielt.

Romantik Strömung des 19. Jahrhunderts, die dramatische, emotionale Bilder hervorbrachte, oft von Menschen in einer wilden oder stürmischen Landschaft.

Sarkophag Oft verzierter, antiker Sarg.

Sfumato Malweise, die mit weichen Farbübergängen scharfe Konturen verwischt.

Stillleben Bild von dekorativ arrangierten Objekten, wie Früchten oder Blumen.

▲ ***Flug eines Flugzeugs***, 1916, Olga Rozanowa

Suprematismus Einer der ersten abstrakten Stile, der 1913 von dem russischen Künstler Kasimir Malewitsch begründet wurde. Er malte Gruppen von Kreisen, Quadraten, Dreiecken und anderen geometrischen Formen.

Surrealismus Stil aus den 1920er-Jahren, der Träume und das Unbewusste festhalten wollte und oft seltsame Kombinationen von Objekten oder verwirrende Szenerien abbildete.

Symbolismus Poetischer, geheimnisvoller Stil, der Ende des 19. Jahrhunderts als Reaktion auf den Realismus und Impressionismus entstand.

Tempera Farbe, bei der Pigmente mit Eigelb angemischt werden.

Tenebrismus Malweise, die extreme Kontraste zwischen großen Flächen dunkler Schatten und kleinen Flächen heller Lichter erzeugt.

Verkürzung Perspektivetechnik, bei der in die Tiefe gehende Linien kürzer dargestellt werden, als sie eigentlich sind.

Register

Kursiv gedruckte Einträge verweisen auf Titel und Seitenzahlen von Kunstwerken. **Fett** gedruckte Seitenzahlen verweisen auf Haupteinträge.

34. Station: Yoshida, Hiroshige 133, *133*

A

Aborigines, Kunst der 130, *130*, 169, *169*
Abstrakte Kunst
  Bildhauerei 182, 184
  Malerei **156–157**, 160, 168
abstrakter Expressionismus **162–163**, *164–165*
Action Painting 163
Adams, Ansel 190–191
Afrikanische Kunst 39, *39*, **130**
Ägyptische Kunst
  Bildhauerei **172**, *172–173*, 175
  Malerei **20–21**, 22–23, 26
Allegorie der Malerei Gentileschi 89, *89*
Allegorie der Vergänglichkeit des menschlichen Lebens, Steenwyck 99, *99*
Altamira, Höhle, Spanien *15*
Altarbild für die Kirche San Zaccaria, Bellini *70–71*, 71
Alter Trinker, Der, Metsu 99, *99*
Alte Zivilisationen, Kunst 18–19, 26, 172–173
  siehe auch Ägyptische Kunst; Griechische Kunst; Römische Kunst
Amphora 27, **30–31**
Anbetung der Hirten, Die, Reni 89, *89*
Anbetung der Hl. Drei Könige, da Fabriano 49, *49*
Annie, Cameron 196, *196*
Aquarell 118
Arbeit, Brown *128–129*
Archaischer Stil (Griechische Kunst) 30
Arcimboldo, Giuseppe 83, *83*
Arkadischen Hirten, Die, Poussin 106, *106*
Arnolfini-Hochzeit, Die, van Eyck *77*
Art Nouveau *siehe* Jugendstil
Asiatische Kunst 34–35 *siehe* Chinesische Kunst
Aufklärung 105
Aufnahme (Fotografie) 194
Augenpunkt 11
Autochrom 189
Automatismus 159

B

Bailey, David *194*
Bar in den Folies-Bergère, Manet 135
Barock **84–85**, 88–89
Bartolomeo, Fra *61*, *64*
Bayeux, Teppich von 37, *37*
Begräbnis der Atala, Das, Girodet 112, *112*
Bekleidete Maja, Die, Goya 112, *112*
Belichtung (Fotografie) 188
Bellini, Giovanni *68*, 70, *70–71*, 71
Bernini, Gian Lorenzo 179, *179*
Berufung des hl. Matthäus, Die, Caravaggio *87*
Bibel, in der Kunst 36, 37, 44, 73
Bierstadt, Albert *114*, *117*
Bildaufbau 8–9, 190
Bilderhandschrift **44–45**
Bildnis eines jungen Mannes, del Sarto 65, *65*
Blake, William 111
Blick aus dem Fenster im Gutshof Le Gras, Niépce 188, *188*
Blick vom Mount Holyoke, Northhampton, Cole 116, *116*
Blinder Fiedler, Der, Rembrandt 100, *100*
Blumen, in der Kunst 160
Bogenschützenfries *24–25*
Bolt, Usain *198–199*
Bonaparte begnadigt die Aufrührer von Kairo, Guérin *106–107*, 107
Bonaparte beim Überschreiten der Alpen am Großen Sankt Bernhard, David *104–105*
Book of Kells 44–45
Bosch, Hieronymus *78–79*
Botticelli, Sandro 53, *53*, **58–59**, 126
Boucher, François 85, 92
Bourgeois, Louise 183, *183*
Box Brownie (Kamera) 192
Brancacci-Kapelle, Masaccio und Masolino *54–55*, 55
Braque, Georges *152–153*
Bronzino 82, *82*
Brown, Ford Madox 128–129
Brüder von Limburg 48, *49*
Bruegel der Ältere, Pieter *9*, *74*, *116*
Brunnen, Duchamp 182, *182*
Buchmalereien 48, *48–49*
Buddhistische Kunst 35, *35*
Byzantinische Kunst 36–37, 38, *40–41*, 46

C

Cameron, Julia Margaret 196–197
Caravaggio 84, **86–87**, 94
Cézanne, Paul *8*, **142**, *143*, 152
Chiaroscuro 86, 94, 96
Chinesische Kunst
  Bildhauerei *176–177*
  Gegenwart 131, *131*
  Malerei **34**, *34–35*, 116
Christliche Kunst **36–37**, 38–39, *40–41*
  Barock 84, *84*
  Bildhauerei 178–179
  Book of Kells 44–45
  Italien **46–47**, *68*, *69*
  Renaissance 50, 55, 74, 75
  siehe auch Jesus, Maria
Christus der Barmherzige 38, *38*
Cimabue 46, *46*
Comics *166–167*
Constable, John 114, *114–115*
Cosimo de' Medici, Giambologna 179, *179*
Courbet, Gustav 124–125

D

Dada **158**, 182
Dalí, Salvador *159*
Darbringung im Tempel, Lochner 49, *49*
David, Jacques Louis *104–105*, **108**, *108–109*
da Vinci, Leonardo 11, **62–63**, 69
Delacroix, Eugène **111**, *111*, 113, *113*
Del Sarto, Andrea 60, *60*
Denker, Der, Rodin 181, *181*
De Stijl (Der Stil) 157, *157*
Deutsche Kunst 148–149
Diana von Versailles *175*
Digitalkameras 193
Diptychon **48**, 133
Diptychon eines Schwertkampfs, Hiroshige 133, *133*
Direct Carving 184
Diskobolus *175*
Drucke 132–133

Duccio di Buoninsegna 47, *47*
Duchamp, Marcel 158, 159, 182, *182*

E
Ebbets, Charles C. *186–187*
Ehegatten-Sarkophag von Cerveteri 174, *174*
Einäugige Spiegelreflexkamera 193
Ein Begräbnis in Ornans, Courbet **124–125**
Ein Fischer späht in einen Fluss, Perow 122, *122*
Ein Winterfest, Toyoharu 132, *132*
El Greco 51, *51*, 83, *83*
El-Salahi, Ibrahim 169, *169*
Engel 39, *39*
Erschaffung Adams, Die, Michelangelo 65, *65*
Expressionismus 148–149

F
Familiengruppe, Moore *182–183*, 183
Farbe
  Fotografie 189
  Malerei 12–13
  siehe auch Aquarell; Ölfarbe
Farbfeldmalerei 162, 163
Fauvismus 148, 149
Felsendom, Jerusalem *42–43*, 43
Ferdinand IV. von Neapel, Mengs 106, *106*
Flämische Kunst 76
Florentinische Kunst **52–53**, 54–55
  Botticelli, Sandro 53, *53*, **58–59**, 126
  da Vinci, Leonardo 11, **62–63**, 69
Fluchtpunkt 10, **11**
Formen, geometrische 42, *42*, 152
Fotojournalismus 195
Fragonard, Jean-Honoré 85, 92, *92*
Französische Kunst 85, **136–137**
  Bildhauerei 181
  Courbet, Gustav 124–125
  Klassizismus 104, 106, 108

Manet, Édouard **134–135**, 136
Frauen von Algier in ihrem Gemach, Die, Delacroix 113, *113*
Fresken 8, 26–27, 28–29
  Griechisch *31*
  Italienisch 47, 66–67
  Römisch 32–33
Freud, Lucian 168
Friedrich, Caspar David *110–111*, 111, **115**, *115*
Frühstück der Ruderer, Das, Renoir 139, *139*
Füssli, Johann Heinrich 111, *111*
Futurismus 152–153

G
Ganymed tränkt den Adler des Zeus, Thorvaldsen 180, *180*
Gauguin, Paul 13, *142*, 144
Gaukler, Der, Bosch *78–79*
Gaukler, Die, Tiepolo 93, *93*
Gegenwartskunst 168–169
Genremalerei 95, 98, *98–99*
Geometrischer Stil (Griechische Kunst) 30
Géricault, Théodore 111, 113, *113*
Gesandten, Die, Holbein 80–81, *80–81*
Gesangsstunde, Die, Giorgione 70, *70*
Ghiberti, Lorenzo 178, *178*
Giacometti, Alberto 182
Giambologna 179, *179*
Giorgione *69*, 70, *70*
Giotto di Bondoni 46, *46*
Glas 38, *147*
Gotik **48–49**, 75
Gottesmutter, in der Kunst 39, *39*, *60–61*
  Bildhauerei 178, *178–179*
  Book of Kells 44, *44*
  Sixtinische Madonna, Raffael 9, 64, *64–65*
Gottesmutter von Kasan 39, *39*
Goya, Francisco de 110, *110*, 112, *112*
Grand Tour 103
Greif 28–29, 173
Griechische Kunst
  Bildhauerei **174–175**, 180
  Malerei 26–27, **30–31**
  siehe auch Klassizismus
Griechische Philosophie 66–67
Große Sphinx von Giseh 172–173
Große Welle vor Kanagawa, Die, Katsushika Hokusai 132, *132*
Guernica, Picasso 154

H
Halsman, Philippe *194*
Hamilton, Gavin 105, *105*
Handbilder 14, *14*
Heimatlose Mutter, Lange *189*
Hellenistischer Stil (Griechische Kunst) 30, 31
Hepworth, Barbara 184–185
Heroismus, in der Kunst 104–105
Hetch Hetchy Valley, Bierstadt 117, *117*
Heuwagen, Der, Constable 114–115
Hieroglyphen 20–21
Himmel über Wolken III, O'Keeffe *160*
Hl. Georg und der Drache, Uccello *56–57*
  unbekannt 39, *39*
Hl. Maria Magdalena, Tintoretto 71, *71*
Höhlenmalerei **14–15**, 16–17, 35, 130
Holbein, Hans, der Jüngere 80–81
Hollywood Angel, Tiffany 147, *147*
Humanismus 53, 54, 66

I
Ikonen, religiöse 38–39
Im Obstgarten, Guthrie 123, *123*
Impressionismus **136–137**, 138–139, *140–141*
  siehe auch Postimpressionismus
Indische Kunst 35
Islamische Kunst 42–43
Italienische Kunst **46–47**, 60, 82, 84
  Bildhauerei 178
  Caravaggio 84, **86–87**, 94
  Renaissance 50–51, *58–59*
  siehe auch Florentinische, Venezianische Kunst

J
Japanische Brücke im Garten von Giverny, Monet *140–141*
Japanische Kunst 132–133
Jenseits **21**, 22–23, 176
Jesus, in der Kunst
  Bildhauerei *178–179*
  Malerei **38–39**, 44, *72–73*
Jesus unter den Schriftgelehrten, Veronese *72–73*
Jeune fille endormie, Picasso *155*
Johann Joachim Winckelmann, von Maron 106, *106*
Jugendstil 146–147
Jüngling, von einer Eidechse gebissen, Caravaggio 86

K
Kalligrafie 34, 43
Kameras 188, **192–193**
Kampf zwischen dem Giaur und Hassan, Delacroix 113, *113*
Katakomben 36
Keltische Kunst 44–45
Klassischer Stil (Griechische Kunst) 30, 31
  siehe auch Griechische Kunst; Römische Kunst
Klassizismus
  Bildhauerei 180–181

Malerei **104–105**, 106–107, 110
Kline, Franz 163
Kontrast, Fotografie 190
Konzeptkunst 182
Koran 43, *43*
Kornernte, Die, Bruegel 116, *116*
Kouros und Kore 175
Krieg, in der Kunst
Bogenschützenfries *24–25*
Guernica, Picasso *154*
Klassizismus 104–105
Terrakotta-Armee *176–177*
Kubismus 152–153
Küchenmagd mit dem Milchkrug, Die, Vermeer *96*
Kuss, Der, Klimt *146–147*, 147

L

Lachender Kavalier, Der, Hals 88, *88*
Lady Smith und ihre Kinder, Reynolds 93, *93*
Landschaftsfotografie 195
Landschaftsgemälde 9, **114–115**, 116–117
China *34*, 35
J. M. W. Turner 118
Niederlande 98, *99*
Lange, Dorothea 189
Las Hilanderas, Velázquez 90–91, *90–91*
Lastkähne auf der Seine bei Bougival, Pissarro 138, *138–139*
Leica, Sucherkamera 192
Leonardo Loredan, Bellini *68*
Letzte Fahrt der Temeraire, Die, Turner *118–119*, 119
Licht, Malerei 13, 115, 118, 137
Lichtenstein, Roy *166–167*
Liebesfest, Das, Watteau 92, *92*
Luftperspektive 11

M

Madame de Pompadour, Boucher 92, *92*
Mädchen mit dem Perlenohrring, Vermeer 97
Magritte, René 158, *158*, 159
Malewitsch, Kasimir 156, *156*
Malkunst, Die, Vermeer 6–7
Maman, Bourgeois 183, *183*
Manet, Édouard **134–135**, 136
Manierismus 51, **82–83**, 88, 179
Mann mit rotem Turban, van Eyck *76*
Mantegna, Andrea *11*
Maria *siehe* Gottesmutter, in der Kunst
Maria der Verkündigung, da Messina 70, *70*
Matisse, Henri 148, *149*
Mesoamerikanische Kunst 173, *173*
Mesopotamische Kunst 18–19
Metzgerei, Die, Carracci 88, *88*
Michelangelo 65, 178, *178–179*
Millais, John Everett 126
Minoische Kunst **26**, *28–29*
Miró, Joan 159, *159*
Miss Amelia van Buren, Eakins 123, *123*
Modefotografie 194
Moderne Kunst
Bildhauerei **182–183**
Malerei 130–131, 154, 160
Mona Lisa, Leonardo da Vinci 62, *63*
Mondrian, Piet 157, *157*
Monet, Claude 136, *136*, *137*, **140–141**
Monroe, Marilyn 166
Moore, Henry *182–183*, 183
Mosaiken 32, 33
Motiv, in der Malerei 8–9
Munch, Edvard 150–151
Musik in den Tuilerien, Manet *134*
Mutter und Kind, Hepworth *184*
Mythologie, klassische 58, 178–179

N

Nachtwache, Die, Rembrandt 100, *101*
Naive Malerei 131, *131*
Napoleon als Mars der Friedensstifter, Canova 180, *180*
Neoplastizismus 156, 157
Niederländische Kunst 75, *78–79*
Goldenes Zeitalter **94–95**, 98–99
van Gogh, Vincent 142, **144–145**, 150
van Rijn, Rembrandt *13*, 84, 96, **100–101**
Vermeer, Jan 6–7, **96–97**
New York School 162
Nordlichter, Norwegen, Heitmann *195*
Number 28, Pollock *164–165*

O

O'Keeffe, Georgia 160–161
Ölfarbe 60, 75, 76

Olmekischer Kolossalkopf 173, *173*
Op-Art 166–167
Ophelia, Millais 126, *126–127*
Optische Täuschung 80, 167
Orpheus, Moreau 146, *146*

P

Palette 21
Paradiespforte, Ghiberti 178, *178*
Pelagos, Hepworth *185*
Persische Kunst
Bildhauerei 173, *173*
Malerei *24–25*, 42, *42*
Perspektive **10–11**, 53, 56
Zentral- **10**, *10*, 50, 54
Pferd in Bewegung, Das, Muybridge 188, *188*
Pferd von Sklaven gebändigt, Géricault 113, *113*
Picasso, Pablo 154–155
Plattenkamera 192
Plensa, Jaume *170–171*
Polaroid (Kamera) 193
Pollock, Jackson 162–163, **163**, *164–165*
Pop-Art 166–167
Porträt des Francesco delle Opere, Perugino 64, *64*
Porträts 8, 9, 194
Postimpressionismus **142–143**, 144
Prähistorische Kunst
Bildhauerei 172
Malerei **14–15**, *16–17*
Präraffaeliten **126–127**, 128–129
Primavera (*Frühling*), Botticelli 58–59
Principessa Vittorina Spinola, Sablet 107, *107*
Putten *64–65*

R

Raffael *60–61*, **66–67**
Präraffaeliten 126, 127
Sixtinische Madonna *9*, 64, *64–65*
Realismus **120–121**, 122–123, 134–135
Realistisch 36, 88
Regatta auf dem Canal Grande, Canaletto *102–103*
Religiöse Rituale, Kunst für 14, 22–23, 172–173

Rembrandt van Rijn *13*, 84, 96, **100–101**
Renaissance **50–51**, 88
  Bildhauerei 178–179
  Früh- **52–53**, 54–55
  Hoch- **60–61**, 64–65, 68, 70–71
  Leonardo da Vinci 11, **62–63**, 69
  Nordeuropa 74–75
  siehe auch Vorrenaissance
Renoir, Auguste *137*
Reynolds, Sir Joshua 93
Richter, Gerhard 169
Rodin, Auguste 181, *181*
Rokoko **84–85**, 92–93
Romantik **110–111**, 112–113
Römische Kunst
  Bildhauerei **174–175**, 180
  Malerei 26–27, **32–33**, 36, 60
  siehe auch Klassizismus
Rossetti, Dante Gabriel *127*
Rote Mohnblume Nr. VI, O'Keeffe *160*
Rothko, Mark *162*
Rückkehr aus dem Waschhaus, Steinlen 147, *147*
Ruisdael, Jacob van 10, *99*
Ruskin, John 127
Russische Kunst 123, *182–183*

S
Saal der Stiere, Frankreich *16–17*
Salon de Paris 124, 148
Schatten, Malerei 13
Schaukel, Die, Fragonard 92, *92*
Schlittschuhläufer in einem Dorf, Avercamp 98, *98*
Schneesturm: Hannibal und sein Heer überqueren die Alpen, Turner 118, *118*
Schrei, Der, Munch 151, *151*
Schreitender Mann I, Der, Giacometti 182, *182*
Schule von Athen, Die, Raffael 66–67, *66–67*
Schwarzes Quadrat, Malewitsch *156*
Schwur der Horatier, Der, David 108–109, *108–109*
Selbstbildnis mit einer Flasche Wein, Munch 150, *150*
Selbstbildnis mit Tochter, Lebrun 107, *107*
Selfies *193*
Sennedjem, Grab des 22–23
Serenade, Die, Leyster 98, *98*
Seurat, Georges 143, *143*
Sir John Herschel, Cameron 196, *197*
Sixtinische Kapelle, Rom 64, **64–65**, 65, 66
Sixtinische Madonna, Raffael *9*, 64, *64–65*
Sizilianische Vesper, Hayez 113, *113*
Skizzen 20, 62
Sonnengötter (Altägypten) 20
Spanische Kunst
  Picasso, Pablo 154–155
  Velázquez, Diego 84, 85, **90–91**
Sphinx von Giseh, Große *172–173*
Spiegel, Plensa 170–171
Standarte von Ur 18–19
Sterbender Gallier 175, *175*
Sternennacht, van Gogh 144–145, *144–145*
Stickarbeit (Teppich von Bayeux) 37, *37*
Strand bei Egmond-aan-Zee, van Ruisdale 99, *99*
Studiofotografie 194
Stundenbuch des Herzogs von Berry, Das, Brüder von Limburg 48, *48–49*
Sumoringer, Kunisada 133, *133*
Suprematismus 156, *156–157*
Surrealismus 158–159
  siehe auch Kubismus
Symbolismus 127, **146–147**, 150

T
Tableau 1, Mondrian *157*
Tanzunterricht, Der, Degas 138, *138*
Taufe Christi, Piero della Francesca 55, *55*
Technik, in der Kunst 153
Tee, Der, Cassatt 139, *139*
Tempera 47
Tenebrismus 86
Terrakotta-Armee *176–177*
Tetons und der Snake River, Die, Adams 190–191
Tiefe, Malerei 10, 12
Tobias und der Engel 55, *55*
Tonwert, Malerei 12–13
Totenbuch 20, *21*
Toteninsel, Die, Böcklin 146, 146
Toulouse-Lautrec, Henri *142–143*, 143
Triumph der Republik, Dalou 181, *181*
Turner, J. M. W. (Joseph Mallord William) 118–119
Twiggy, Bailey *194*

U
Uccello, Paolo *56–57*
Ukiyo-e 132
Ur, Mesopotamien 18
US-amerikanische Kunst
  abstrakter Expressionismus 162–163
  Landschaften 116, 117, **190–191**
  O'Keeffe, Georgia 160–161

V
van Eyck, Jan 76–77
van Gogh, Vincent 142, **144–145**, 150
Vasarely, Victor *167*
Velázquez, Diego 84, *85*, **90–91**
Venedig, in der Kunst 102–103
Venezianische Kunst 51, **68–69**, 70–71
Venus von Willendorf 172
Verkündigung, Lipp *54–55*, 55
Verkürzung 11
Vermeer, Jan 6–7, **96–97**
Veronese, Paolo *72–73*
Ville d'Avray, l'étang, et les maisons Cabassud, Corot 117, *117*
Vorrenaissance 46

W
Wandmalereien
  Altägypten 20, 21, **22**
  Höhlenmalerei **14–15**, *16–17*, 35, *130*
  Minoische Kunst 26
  siehe auch Fresken
Warhol, Andy 166
Weiße Wolken und grüne Berge, Wu Li 116, *116*
Wilton-Diptychon, Das 48, *48*
Wolgatreidler, Die Repin 122, *122–123*

X
Xieyi 131

Y
Yorkshire Sculpture Park 170–171

Z
Zentralperspektive **10**, *10*, 50, 54
Zugefrorene Themse, Hondius *88–89*, 89

Dank

Der DK Verlag dankt Alice Bowden für die Faktenrecherche, Anna Limerick für die redaktionelle Unterstützung, Chrissy Barnard und Mary Sandberg für die gestalterische Unterstützung, Elizabeth Wise für das Register, Kieran Macdonald für das Korrektorat und Jasmin Saunders von DACS.

Der Verlag dankt folgenden Personen und Organisationen für die freundliche Genehmigung zum Abdruck von Fotos:

(Abkürzungen: o = oben, u = unten, m = Mitte, l = links, r = rechts, g = ganz, Hg = Hintergrund)

1 akg-images: Werke von Barbara Hepworth © Bowness / IAM. **2-3 Alamy Stock Photo:** FineArt. **4 Alamy Stock Photo:** World History Archive (mr/4); Heritage Image Partnership Ltd. (gor/1); Granger Historical Picture Archive (mr/1); GEMÄLDE (mr/3); Dennis Hallinan (ur/2). **Getty Images:** DEA / A. DAGLI ORTI (gor/2); The Print Collector / Heritage-Images (mr/2); Buyenlarge (ur/1). **5 123RF.com:** flaperval (mr/3). **Alamy Stock Photo:** Archivart (m/2); Stocktrek Images, Inc. (ur/1); World History Archive (mr/1); ACTIVE MUSEUM (gor/2); DGP_travel (mr/2); classicpaintings (mo/2); GL Archive (m/1); John Baran (m/3); FineArt (m/4); Antiquarian Images (mu/1). **Getty Images:** (ur/2); Sergei Prokudin-Gorski / Galerie Bilderwelt (mr/4); Universal History Archive / UIG (mo/1); Fine Art Images / Heritage Images (mu/2); Universal History Archive / UIG (gor/1). **6-7 Alamy Stock Photo:** GEMÄLDE. **7 123RF.com:** tannjuska (gol). **Alamy Stock Photo:** mauritius images GmbH (gor); Granger Historical Picture Archive (gom). **8 Alamy Stock Photo:** Heritage Image Partnership Ltd. (ul). **Getty Images:** Universal History Archive (gor). **9 Alamy Stock Photo:** Archivart (gor); GEMÄLDE (um). **Dreamstime.com:** Pridumala (gol). **10 Alamy Stock Photo:** Photo Researchers, Inc. (m). **10-11 Alamy Stock Photo:** FineArt (go); Lebrecht Music and Arts Photo Library (u). **11 Alamy Stock Photo:** SuperStock (m). **Dreamstime.com:** Pridumala (gor). **12 Alamy Stock Photo:** Peter Horree (l). **Dreamstime.com:** Pridumala (ur). **13 Alamy Stock Photo:** GEMÄLDE (gol). **Dreamstime.com:** Albachiaraa (mr). **Getty Images:** Fine Art Images / Heritage Images (ul). **14 Alamy Stock Photo:** blickwinkel (ul); Robert Preston Photography (m). **Dreamstime.com:** Pridumala (gor). **15 Alamy Stock Photo:** age fotostock (ur). **Dorling Kindersley:** Philippe Giraud (gol). **16-17 Alamy Stock Photo:** Heritage Image Partnership Ltd. **18 akg-images:** Pictures From History (ul). **18-19 Alamy Stock Photo:** Peter Barritt (gom). **The Trustees of the British Museum:** (um). **19 akg-images:** ullstein bild (mur); IAM (ur). **Alamy Stock Photo:** age fotostock (mol); World History Archive (gor). **20-21 Alamy Stock Photo:** Granger Historical Picture Archive (um). **20 Alamy Stock Photo:** Heritage Image Partnership Ltd. (ul); Granger Historical Picture Archive (gol). **21 Dreamstime.com:** Pridumala (mr). **Getty Images:** ALESSANDRO VANNINI (go). **22-23 Getty Images:** DEA / G. SIOEN. **22 Getty Images:** DEA / G. SIOEN (ml, gor). **23 Getty Images:** DEA / G. SIOEN (gol, gom, gor). **24-25 Alamy Stock Photo:** World History Archive. **26-27 Getty Images:** Werner Forman / Universal Images Group (u). **26 123RF.com:** Lucian Bolca (mr). **27 Dreamstime.com:** Pridumala (ur). **Getty Images:** DEA / A. DAGLI ORTI (mr); VCG Wilson (gom). **28-29 Alamy Stock Photo:** David South. **30 Getty Images:** DEA PICTURE LIBRARY / De Agostini (m); VCG Wilson (ul). **31 123RF.com:** Joerg Hackemann (gor). **Getty Images:** VCG Wilson (ml). **Photo Scala, Florenz:** DeAgostini Picture Library (ur). **32-33 Alamy Stock Photo:** Peter Horree (gom). **32 Alamy Stock Photo:** Sites & Photos / Capture Ltd. (ur). **Getty Images:** ALESSANDRO VANNINI (ul). **33 Getty Images:** DEA / A. DAGLI ORTI / De Agostini (ur); Bettmann (mr). **34 Getty Images:** Photo12 / UIG (ml). **34-35 Alamy Stock Photo:** Beijing Eastphoto stockimages Co.,Ltd. (u); Granger Historical Picture Archive (gom). **35 Alamy Stock Photo:** ephotocorp (mr). **Dreamstime.com:** Pridumala (m). **36 Alamy Stock Photo:** Granger Historical Picture Archive (ml); Ivy Close Images (ur). **Dreamstime.com:** Pridumala (mr). **37 123RF.com:** jorisvo (ur). **Getty Images:** Universal Images Group / Hulton Fine Art (go). **38 Alamy Stock Photo:** Peter Horree (ul). **39 Alamy Stock Photo:** World History Archive (gol); Poulberin (ul); Anton Starikov (gor). **40-41 Getty Images:** DEA / A. Dagli Orti / De Agostini. **42 Alamy Stock Photo:** PRISMA ARCHIVO (mr); Classic Image (ul). **42-43 Alamy Stock Photo:** Sean Pavone (u). **43 Alamy Stock Photo:** V (gor). **Dreamstime.com:** Pridumala (gol). **44-45 Getty Images:** The Print Collector / Heritage-Images (m). **44 Getty Images:** Hulton Archive (ul). **45 Getty Images:** The Print Collector / Heritage-Images (gor, mor, mur, ur). **46 Alamy Stock Photo:** Artepics (gor); Granger Historical Picture Archive (u). **47 Alamy Stock Photo:** Dennis Hallinan (ur); World History Archive (gor). **Dreamstime.com:** Pridumala (ml). **48 Alamy Stock Photo:** Peter Barritt (mr, ml). **48-49 Alamy Stock Photo:** World History Archive (u). **49 Alamy Stock Photo:** David Collingwood (mr); INTERFOTO (ur). **50 Alamy Stock Photo:** SuperStock (ul). **Dreamstime.com:** Pridumala (ur). **Getty Images:** DeAgostini (gor). **51 Alamy Stock Photo:** The Artchives (ur); ACTIVE MUSEUM (gol). **52 Alamy Stock Photo:** GEMÄLDE (ml). **Dreamstime.com:** Pridumala (gor). **52-53 Getty Images:** DeAgostini (u). **53 Bridgeman Images:** Die Geburt der Venus, um 1485 (Tempera auf Leinwand), Botticelli, Sandro (Alessandro di Mariano di Vanni Filipepi) (1444 / 5-1510) / Galleria degli Uffizi, Florenz, Toskana, Italien (mr); Granger Historical Picture Archive (gol). **54-55 Alamy Stock Photo:** Peter Barritt (gom); ART Collection (u). **55 Alamy Stock Photo:** FineArt (mr). **Getty Images:** Leemage / UIG (um). **56-57 Getty Images:** Universal History Archive / UIG. **58-59 Bridgeman Images:** Primavera, um 1478, (Tempera auf Holz), Botticelli, Sandro (Alessandro di Mariano di Vanni Filipepi) (1444 / 5-1510) / Galleria degli Uffizi, Florenz, Toskana, Italien (u). **58 Bridgeman Images:** Primavera, um 1478, (Tempera auf Holz), Botticelli, Sandro (Alessandro di Mariano di Vanni Filipepi) (1444 / 5-1510) / Galleria degli Uffizi, Florenz, Toskana, Italien (ul, ml, gor). **59 Bridgeman Images:** Primavera, um 1478, (Tempera auf Holz), Botticelli, Sandro (Alessandro di Mariano di Vanni Filipepi) (1444 / 5-1510) / Galleria degli Uffizi, Florenz, Toskana, Italien (gol, gor). **60-61 Getty Images:** Leemage / Corbis (um). **60 Alamy Stock Photo:** GEMÄLDE (ul). **61 Alamy Stock Photo:** INTERFOTO (gor); SuperStock (ur). **Dreamstime.com:** Pridumala (gom). **62 Getty Images:** Time Life Pictures / Mansell / The LIFE Picture Collection (ml); DeAgostini (gol). **63 Alamy Stock Photo:** World History Archive. **64-65 Alamy Stock Photo:** FineArt (gom); INTERFOTO (u). **64 Alamy Stock Photo:** ACTIVE MUSEUM (m). **Getty Images:** VCG Wilson / Corbis (ul). **65 Alamy Stock Photo:** Ivy Close Images (mr). **66-67 Getty Images:** Leemage / Corbis (go). **66 Getty Images:** Leemage / Corbis (ml, ur). **67 Getty Images:** Leemage / Corbis (ul, ur). **68 Dreamstime.com:** Pridumala (ur). **Getty Images:** VCG Wilson / Corbis (gor); DeAgostini (ul). **69 Alamy Stock Photo:** FineArt (gol). **Getty Images:** Leemage / Corbis (ur). **70 Getty Images:** Arte & Immagini srl / Corbis (ul); DeAgostini (m). **70-71 Getty Images:** DeAgostini (u). **71 Getty Images:** 1993 / Mondadori Portfolio (ur). **72-73 Getty Images:** Fine Art Images / Heritage Images. **74 Dreamstime.com:** Pridumala (gor). **Getty Images:** Buyenlarge (u). **75 Alamy Stock Photo:** Universal Art Archive (gor); Robert Fried (ur). **Getty Images:** DeAgostini (ml). **76 Getty Images:** Hulton Archive (gol); Universal History Archive / UIG (ml). **77 Getty Images:** DeAgostini (mr); Universal History Archive / UIG (gol). **78-79 Alamy Stock Photo:** Heritage Image Partnership Ltd. **80-81 Photo Scala, Florenz:** Copyright The National Gallery, London (m). **80 Photo Scala, Florenz:** Copyright The National Gallery, London (gol, mol). **81 Photo Scala, Florenz:** Copyright The National Gallery, London (mur, gor, mor, mo, mr, um); **Photo Scala, Florenz:** The National Gallery, London (ur). **82 Getty Images:** VCG Wilson / Corbis (ur); Summerfield Press / Corbis (l). **83 Dreamstime.com:** Pridumala (ml). **Getty Images:** Imagno / Austrian Archives (gor); VCG Wilson / Corbis / Fine Art (ul). **84 Alamy Stock Photo:** GEMÄLDE (ur). **Dreamstime.com:** Pridumala (ul). **Getty Images:** Imagno / Austrian Archives (ml). **85 Alamy Stock Photo:** FineArt (r); ACTIVE MUSEUM (go). **86 Getty Images:** Hulton Archive (gol); Fine Art Images / Heritage Images (ml). **87 Getty Images:** DeAgostini. **88-89 Alamy Stock Photo:** Granger Historical Picture Archive (u). **88 Bridgeman Images:** Der lachende Kavalier, 1624 (Öl auf Leinwand), Hals, Frans (1582 / 3-1666) / Wallace Collection, London, GB (gor); **Alamy Stock Photo:** GEMÄLDE (ul). **89 Bridgeman Images:** National Gallery, London, GB (gor). **Getty Images:** VCG Wilson / Corbis (ml). **90-91 Getty Images:** 2004 / Remo Bardazzi / Electa / Mondadori Portfolio (u). **90 Getty Images:** 2004 / Remo Bardazzi / Electa / Mondadori Portfolio (ul, m, gor). **91 Getty Images:** 2004 / Remo Bardazzi / Electa / Mondadori Portfolio (gol, gor). **92 Alamy Stock Photo:** Archivart (ml); GEMÄLDE (um). **92-93 Alamy Stock Photo:** Dennis Hallinan (gom). **93 Alamy Stock Photo:** classicpaintings (gor). **Getty Images:** DeAgostini (ur). **94 Dreamstime.com:** Pridumala (gor). **Getty Images:** Leemage / Corbis (ml). **94-95 Alamy Stock Photo:** Artepics (u). **95 Alamy Stock Photo:** Artepics (mr); World History Archive (gol). **96 Alamy Stock Photo:** GL Archive (gol); FineArt (ul). **97 Alamy Stock Photo:** Ian Dagnall. **98 Alamy Stock Photo:** Peter Horree (mr); Peter van Evert (u). **99 Alamy Stock Photo:** Art Collection 2 (ur); FineArt (mr); The Print Collector (gol). **100 Alamy Stock Photo:** Artokoloro Quint Lox Limited (ml); Peter van Evert (gol). **101 Getty Images:** Universal History Archive / UIG. **102-103 Alamy Stock Photo:** Heritage Image Partnership Ltd. **104-105 Alamy Stock Photo:** Artepics (gom). **104 Alamy Stock Photo:** Heritage Image Partnership Ltd. (m). **Dreamstime.com:** Pridumala (ul). **105 Alamy Stock Photo:** classicpaintings (ur). **Getty Images:** Fine Art Images / Heritage Images (gor). **106 Alamy Stock Photo:** PRISMA ARCHIVO (ul); ART Collection (gor); vkstudio (m). **107 Alamy Stock Photo:** Heritage Image Partnership Ltd. (u); Peter

Horree (ml). **Photo Scala, Florenz:** Mit freundlicher Genehmigung des Ministero Beni e Att. Culturali (gom). **108-109 Alamy Stock Photo:** Peter Barritt (go). **108 Alamy Stock Photo:** Peter Barritt (ml, ur). **109 Alamy Stock Photo:** Peter Barritt (ul, ur). **110-111 Alamy Stock Photo:** classicpaintings (um). **110 Alamy Stock Photo:** FineArt (ml). **111 Alamy Stock Photo:** World History Archive (um); PAINTING (gor). **Dreamstime.com:** Pridumala (mr). **112 Alamy Stock Photo:** FineArt (u); Masterpics (mr). **113 Alamy Stock Photo:** PRISMA ARCHIVO (mur); classicpaintings (mol); Heritage Image Partnership Ltd. (ul). **Bridgeman Images:** Musée des Beaux-Arts, Rouen, Frankreich (gor). **114 Alamy Stock Photo:** Niday Picture Library (ml). **Dreamstime.com:** Pridumala (gor). **114-115 Alamy Stock Photo:** World History Archive (um). **115 Alamy Stock Photo:** INTERFOTO (gol). **Getty Images:** Fine Art Images / Heritage Images (ur). **116 Alamy Stock Photo:** Granger Historical Picture Archive (mul); Peter Horree (ur). **Getty Images:** VCG Wilson / Corbis (mr). **117 Alamy Stock Photo:** Masterpics (gom). **Getty Images:** SuperStock (ur). **118 Alamy Stock Photo:** Granger Historical Picture Archive (ml). **Getty Images:** Universal History Archive (gol). **119 Alamy Stock Photo:** GL Archive (go). **120 Getty Images:** Leemage / Corbis (u); DeAgostini (gor). **121 Alamy Stock Photo:** Granger Historical Picture Archive (r); GEMÄLDE (ul). **Dreamstime.com:** Pridumala (ml). **122 Alamy Stock Photo:** Chronicle (ul). **122-123 Alamy Stock Photo:** GEMÄLDE (um). **123 Alamy Stock Photo:** The Artchives (ml); Eye Ubiquitous (gor). **124-125 Alamy Stock Photo:** World History Archive (m). **124 Alamy Stock Photo:** World History Archive (ul, gor). **125 Alamy Stock Photo:** World History Archive (gor, ul, ur). **126 Alamy Stock Photo:** Peter Barritt (mr). **126-127 Alamy Stock Photo:** Lebrecht Music and Arts Photo Library (u). **127 Alamy Stock Photo:** Archivart (gor); Peter Barritt (ur). **Dreamstime.com:** Pridumala (ml). **128-129 Alamy Stock Photo:** The Artchives. **130 Getty Images:** DeAgostini (ur, l). **131 Alamy Stock Photo:** Heritage Image Partnership Ltd. (ur); Sergi Reboredo (go). **Dreamstime.com:** Pridumala (ul). **132 Alamy Stock Photo:** The Artchives (mr). **Getty Images:** DeAgostini (ul). **133 Alamy Stock Photo:** Prisma by Dukas Presseagentur GmbH (mul); Lebrecht Music and Arts Photo Library (gor); Artokoloro Quint Lox Limited (ur). **134-135 Getty Images:** DeAgostini (go). **134 Alamy Stock Photo:** Digital Image Library (ul). **Getty Images:** Time Life Pictures / Mansell / The LIFE Picture Collection (gol). **136 Alamy Stock Photo:** Niday Picture Library (mu); Heritage Image Partnership Ltd. (ml). **136-137 Alamy Stock Photo:** FineArt (go). **137 Alamy Stock Photo:** Granger Historical Picture Archive (ur). **Dreamstime.com:** Pridumala (ul). **138 Alamy Stock Photo:** Nigel Reed / QEDimages (gor). **138-139 Alamy Stock Photo:** Peter Horree (u). **139 Alamy Stock Photo:** Artepics (ml); John Baran (gor). **140-141 Alamy Stock Photo:** Granger Historical Picture Archive. **142 Alamy Stock Photo:** FineArt (m). **Dreamstime.com:** Pridumala (gor). **Getty Images:** Francis G. Mayer / Corbis / VCG (ul). **143 Getty Images:** The Print Collector (u); Universal History Archive (gor). **144-145 Alamy Stock Photo:** Antiquarian Images (go). **144 Alamy Stock Photo:** Antiquarian Images (ml, ur). **145 Alamy Stock Photo:** Antiquarian Images (gor, mr, ur). **146 Alamy Stock Photo:** GEMÄLDE (ul). **Getty Images:** DEA / G. DAGLI ORTI / De Agostini (m). **146-147 Getty Images:** Fine Art Images / Heritage Images (gom). **147 Alamy Stock Photo:** ZUMA Press, Inc. (gor); Artokoloro Quint Lox Limited (ur). **148-149 Alamy Stock Photo:** Heritage Image Partnership Ltd. (m). **148 Alamy Stock Photo:** FineArt / © ADAGP, Paris und DACS, London 2017 / © DACS 2017 (ul). **149 Alamy Stock Photo:** Heritage Image Partnership Ltd. / © ADAGP, Paris und DACS, London 2017 / © DACS 2017 (ur). **Dreamstime.com:** Pridumala (m). **Image Courtesy National Gallery Of Art, Washington:** © Succession H. Matisse / DACS 2017 / © DACS 2017 (gor). **150 Getty Images:** Fine Art Images / Heritage Images (gol); Universal History Archive / UIG (ml). **151 Getty Images:** Universal History Archive / UIG (go). **152-153 Alamy Stock Photo:** © ADAGP, Paris und DACS, London 2017 / © ADAGP, Paris und DACS, London 2017 / © DACS 2017 (m). **152 Alamy Stock Photo:** Peter Horre / © ADAGP, Paris und DACS, London 2017 / © DACS 2017 (ml). **153 Alamy Stock Photo:** World History Archive (gor); ACTIVE MUSEUM (ur). **Dreamstime.com:** Pridumala (m). **154 Bridgeman Images:** © Succession Picasso / DACS, London 2017 / © DACS 2017 (um). **Getty Images:** RALPH GATTI / AFP / © Succession Picasso / DACS, London 2017 / © DACS 2017 (gol). **155 Bridgeman Images:** Christie's Images / © Succession Picasso / DACS, London 2017 / © DACS 2017. **156 Alamy Stock Photo:** Mariano Garcia (ml). **156-157 Bridgeman Images:** Art Museum, Samara, Russia (m). **157 Alamy Stock Photo:** World History Archive (ur); Peter Horree (gom). **Dreamstime.com:** Pridumala (mr). **158 Alamy Stock Photo:** Heritage Image Partnership Ltd. / © Succession Marcel Duchamp / ADAGP, Paris und DACS, London 2017 / © DACS 2017 (gor, ul). **159 Alamy Stock Photo:** Artepics / © Successió Miró / ADAGP, Paris und DACS London 2017 / © DACS 2017 (ur). **Bridgeman Images:** Museum of Modern Art, New York, USA / © Salvador Dalí, Fundació Gala-Salvador Dalí, DACS 2017 / © DACS 2017 (go). **Dreamstime.com:** Pridumala (ul). **160 akg-images:** © Georgia O'Keeffe Museum / DACS 2017 / © DACS 2017 (ml). **Getty Images:** Allan Grant / The LIFE Picture Collection (gol). **161 Bridgeman Images:** Christie's Images / © Georgia O'Keeffe Museum / DACS 2017 / © DACS 2017. **162 Alamy Stock Photo:** Peter Horree / © 1998 Kate Rothko Prizel & Christopher Rothko ARS, NY und DACS, London 2017 / © DACS 2017 (ul). **162-163 Alamy Stock Photo:** Peter Horree / © The Willem de Kooning Foundation / Artists Rights Society (ARS), New York und DACS, London 2017 / © DACS 2017 (go); Photo Researchers, Inc. (u). **163 Alamy Stock Photo:** B Christopher / © ARS, NY und DACS, London 2017 / © DACS 2017 (mr). **Dreamstime.com:** Pridumala (ml). **164-165 Alamy Stock Photo:** Martin Shields / © The Pollock-Krasner Foundation ARS, NY und DACS, London 2017 / © DACS 2017. **166-167 Bridgeman Images:** © Estate of Roy Lichtenstein / DACS / © DACS 2017 (um). **166 Alamy Stock Photo:** B Christopher / © 2017 The Andy Warhol Foundation for the Visual Arts, Inc. / Artists Rights Society (ARS), New York und DACS, London. / © DACS 2017 (gor). **Dreamstime.com:** Pridumala (ul). **167 Alamy Stock Photo:** The Archives / © ADAGP, Paris und DACS, London 2017 / © DACS 2017 (mr); Peter Horree / © Bridget Riley 2017. Alle Rechte vorbehalten, mit freundlicher Genehmigung von Karsten Schubert, London (gol). **168 Alamy Stock Photo:** Peter Horree / © ADAGP, Paris und DACS, London 2017 / © DACS 2017 (ur). **Bridgeman Images:** Christie's Images / © Peter Doig. Alle Rechte vorbehalten, DACS 2017 / © DACS 2017 (ml). **169 Bridgeman Images:** © The Estate of Clifford Possum Tjapaltjarri, lizensiert von DACS / AAA / VISCOPY 2017 / © DACS 2017 (gor); **© DACS 2017:** © Ibrahim El-Salahi. Alle Rechte vorbehalten, DACS 2017 (ul). **Dreamstime.com:** Pridumala (mol). **170-171 Alamy Stock Photo:** Bailey-Cooper Photography / © DACS 2017 (ausschließlich der Werke des YSP) / © DACS 2017. **171 Alamy Stock Photo:** imageBROKER (gol); Joe Vogan (gom); Rob Cole Photography (gor). **172 Alamy Stock Photo:** INTERFOTO (gol). **172-173 123RF.com:** lexan. **173 Getty Images:** Werner Forman / Universal Images Group (mr); Spectrum Colour Library / Heritage-Images (gol). **174 Getty Images:** Leemage. **175 123RF.com:** robynmac (mr). **Alamy Stock Photo:** PRISMA ARCHIVO (go); Granger Historical Picture Archive (ml); The Print Collector (u). **176-177 Alamy Stock Photo:** DGP_travel. **178 Getty Images:** Tommaso Di Girolamo / AGF / UIG (ml). **178-179 123RF.com:** abxyz (um). **179 123RF.com:** bloodua (gor). **Getty Images:** Mauro Magliani for Alinari / Alinari Archives, Florenz - Reproduziert mit freundlicher Genehmigung des Ministero per i Beni e le Attività Culturali / Alinari (ur). **180 Bridgeman Images:** De Agostini Picture Library (ul). **Getty Images:** 2004 / Rabatti&Domingie / Electa / Mondadori Portfolio (gor). **181 123RF.com:** flaperval (u). **Alamy Stock Photo:** Josse Christophel (gor). **182 Alamy Stock Photo:** Granger Historical Picture Archive / © Succession Marcel Duchamp / ADAGP, Paris und DACS, London 2017 / © DACS 2017 (ul). **Bridgeman Images:** © The Estate of Alberto Giacometti (Fondation Giacometti, Paris und ADAGP, Paris), lizensiert in GB von ACS und DACS, London 2017 / © DACS 2017 (gol). **182-183 Alamy Stock Photo:** dov makabaw sundry / The Henry Moore Foundation (m). **183 Alamy Stock Photo:** Hal Beral / VWPics / © The Easton Foundation / VAGA, New York / DACS, London 2017 / © DACS 2017 (gor). **184 Bridgeman Images:** Werke von Barbara Hepworth © Bowness (ml). **Getty Images:** Paul Schutzer / The LIFE Picture Collection (gol). **185 akg-images:** Werke von Barbara Hepworth © Bowness / IAM. **186-187 Getty Images:** Bettmann. **187 Alamy Stock Photo:** David Fleetham (gom); Geoffrey Robinson (gor). **Getty Images:** David Caudery / Digital Camera Magazine / 2009 Future Publishing (gol). **188 Getty Images:** Apic (ml); Universal History Archive / UIG (ul). **188-189 Getty Images:** Sergei Prokudin-Gorski / Galerie Bilderwelt (gom). **189 Library of Congress, Washington, D.C.:** (ur). **190-191 Library of Congress, Washington, D.C.:** The Estate of Ansel Adams. **190 Library of Congress, Washington, D.C.:** The Estate of Ansel Adams (mul, ul). **191 Library of Congress, Washington, D.C.:** The Estate of Ansel Adams (gor, mr, ur). **192 123RF.com:** Yuriy Chaban (r); shaffandi (um); Leon Swart (ml). **193 123RF.com:** Chris Brignell (mr); Pitchathorn Chitnelawong (gom). **Alamy Stock Photo:** Lev Dolgachov (ur); Dave Stevenson (ul, mu); Image Source (ul/2). **194 Getty Images:** Yale Joel / The LIFE Picture Collection (mr); Popperfoto (l). **195 Alamy Stock Photo:** Stocktrek Images, Inc. (u). **Magnum Photos:** Jonas Bendiksen (gol). **196 Getty Images:** Julia Margaret Cameron (gol). **The J. Paul Getty Museum, Los Angeles:** (ml). **197 The J. Paul Getty Museum, Los Angeles. 198-199 Getty Images. 200 Alamy Stock Photo:** Peter Horree (gor). **201 123RF.com:** Yuriy Chaban (um). **202 Bridgeman Images:** Art Museum, Samara, Russia (gor). **203 Alamy Stock Photo:** Heritage Image Partnership Ltd. (ur). **204 Getty Images:** VCG Wilson (gom). **205 Getty Images:** DeAgostini (ur). **206 Getty Images:** Popperfoto (ul).

Cover: *Vorn:* Getty Images: VCG Wilson / Corbi. *Hinten:* The Metropolitan Museum of Art, New York: www.metmuseum.org, H. O. Havemeyer Sammlung, Nachlass H. O. Havemeyer, 1929.

Alle anderen Abbildungen
© Dorling Kindersley